JUDY HALL

W0293091

LE GUIDE DES CRISTAUX DE PLEINE CONSCIENCE

24 PIERRES ESSENTIELLES POUR CALMER SES PENSÉES, VIVRE LE MOMENT PRÉSENT ET PRENDRE DE MEILLEURES DÉCISIONS

Éditions **CONTRE-DIRES**
19, rue Saint-Séverin
75005 Paris

Titre original : *Crystal Mindfulness*

Publié pour la première fois au Royaume-Uni et aux États-Unis en 2016 par Watkins, Media Limited

© Watkins Media Limited 2016

© 2016, Judy Hall pour le texte
© 2016, Watkins Media Limited pour les images

© 2020, éditions Contre-Dires, une marque du groupe Guy Trédaniel
pour la traduction française

Traduit de l'anglais par Christine Destruhaut

ISBN : 978-2-84933-552-9

Éditeur : Jo Lal
Rédactrice en chef Développement : Fiona Roberston
Rédactrice en chef : Sandy Draper
Responsable Design : Viki Ottewill
Designers : Viki Ottewill et Francesca Corsini
Production : Uzma Taj
Photographie commandée : Michael Illas

Tous droits réservés. Aucune partie de ce livre ne peut être reproduite sous quelque forme ou par quelque moyen électronique ou mécanique que ce soit, y compris les systèmes de stockage et d'extraction de l'information, sans l'autorisation écrite de l'éditeur, sauf par un critique qui peut citer de brefs passages dans une revue.

Note de l'éditeur : L'auteur et l'éditeur déclinent toute responsabilité provenant directement ou indirectement de l'utilisation de ce livre. Les bénéfices thérapeutiques des cristaux décrits dans ce livre ne sont pas prouvés scientifiquement. Les conseils donnés ne sont pas destinés à remplacer le diagnostic de maladies ou d'affections, des traitements ou des médicaments. Avant toute automédication, consultez toujours votre médecin ou tout autre professionnel de santé. Cet ouvrage ne saurait se substituer à un avis médical.

www.editions-tredaniel.com
info@guytredaniel.fr
www.facebook.com/editions.tredaniel

SOMMAIRE

INTRODUCTION

PREMIÈRE PARTIE :
ATTEINDRE LA PLEINE CONSCIENCE GRÂCE AUX CRISTAUX

SECONDE PARTIE :
RÉPERTOIRE DES CRISTAUX DE PLEINE CONSCIENCE

INTRODUCTION

S'APAISER GRÂCE AUX CRISTAUX

Peut-être avez-vous déjà entendu parler de la pleine conscience. Apprendre à calmer votre esprit et à vivre autant que possible l'instant présent est source de bienfaits : profiter davantage de chaque jour, insuffler sérénité, paix et joie dans votre vie, sans oublier un réel sentiment de bien-être. Peut-être avez-vous déjà essayé de mettre en pratique cette philosophie, pendant une méditation formelle ou simplement en étant « présent » dans votre quotidien. Peut-être avez-vous découvert, comme beaucoup avant vous, que ce concept apparemment simple est parfois d'une étonnante complexité. S'il vous est impossible de rester dans l'instant présent et que votre tête est pleine de « si seulement » et de « peut-être », vous serez toujours ailleurs – probablement vous inquiétant pour l'avenir ou regrettant le passé. Vous tournez-vous et retournez-vous la nuit dans votre lit, revoyant les événements de la journée, ou vous réveillez-vous avec des pensées qui s'emballent ? Si l'une de ces hypothèses résonne en vous, alors atteindre la pleine conscience grâce aux cristaux est la solution idéale. Ces derniers permettent de trouver le calme physique, émotionnel, mental et spirituel, en laissant simplement le passé et le futur être ce qu'ils sont. Ils vous ancrent dans le présent, vous aidant à vivre pleinement chaque minute de votre vie.

UN MENTAL SEREIN

Un mental doux et attentif est une composante essentielle de la pleine conscience. Obsessions compulsives et suranalyse sont courantes. Briser le cycle peut s'avérer complexe. Le non-esprit est un état propre au bouddhisme zen : comme le mental ne se fixe pas sur un objet, une pensée ou une émotion, il est ouvert à toute possibilité. Toutefois, ce niveau est difficile à atteindre sans entraînement prolongé. Pleine conscience n'est pas synonyme d'absence d'esprit. Elle signifie s'inscrire dans l'instant présent, développer un mental serein plutôt qu'assailli par des bruits de fond. Concentrer légèrement votre attention sur un cristal ou son reflet (voir page 16) est un moyen facile et efficace de calmer instantanément vos pensées.

Je dors avec une auralite 23 sous mon oreiller pour empêcher mon esprit bavard d'entrer en action avant d'ouvrir les yeux. Je chéris ce moment de calme où mon cerveau se réveille clair et serein, marquant le pic de ma créativité. Quand les idées flottent à l'improviste, je ne les juge ni « bonnes » ni « mauvaises », « stressantes » ou « dynamiques ». Je les observe simplement, s'écoulant avec conscience, mais sans hâte. C'est un beau moment conscient que j'apprécie chaque jour.

VIVRE EN PLEINE CONSCIENCE

La pleine conscience incarne un pan de votre *être* plutôt qu'une action à tenter d'*entreprendre*. Vos cristaux sont un véritable soutien alors que vous essayez d'être conscient de tout et de vivre pleinement chaque instant de votre quotidien avant de passer au suivant. Si nous pouvons exister ainsi, sans être entravés par des pensées du passé ou de l'avenir, nous ressentons progressivement une plus grande sérénité et sommes plus enclins à remarquer ces nombreux petits moments porteurs de joie : nouveaux bourgeons sur un arbre, sourire d'un enfant, phrase ou son qui résonne en nous. La pleine conscience accroît créativité et confiance en soi ; ainsi, une attention renforcée à l'instant présent remplace notre pilote automatique. Depuis plus de quarante ans, Ellen Langer étudie l'impact de cette notion sur divers domaines, de l'économie comportementale à la psychologie. Voici ses propos sur la prise de décisions : « Quand on est pleinement conscient, les erreurs se transforment en amies[1]. »

Se concentrer doucement sur un cristal magnifique et inspirant, comme le quartz esprit ou le quartz rose, permet au mental de se reposer tranquillement dans l'instant.

COMMENT UTILISER CE LIVRE

La première moitié du livre présente la riche tradition de la pleine conscience. Elle explore certaines des recherches menées sur les nombreux avantages de cette pratique pour vous aider à apprécier exactement les bienfaits qu'elle peut vous apporter. Vous apprendrez comment travailler avec vos cristaux pour devenir plus attentif, y compris comment faire usage des « références aux cristaux » mentionnées dans la première partie ainsi que des mots-clés et réflexions sur ceux présentés dans la seconde partie.

La première partie, « Atteindre la pleine conscience grâce aux cristaux », explique comment tirer parti de cette philosophie grâce à vos compagnons pour ressentir bien-être physique, mental, émotionnel et spirituel. Découvrez pourquoi il est essentiel de couper les liens avec les personnes qui vampirisent votre énergie et comment identifier les chakras (centres énergétiques localisés dans le corps) concernés contribue à éliminer les problèmes entravant votre perception. Si vous voulez comprendre comment et pourquoi les minéraux peuvent la faciliter et

La stromatolite, l'un des plus anciens minéraux du monde, avec le quartz fumé, la malachite et la pierre bleue de Preseli. Tous les cristaux aident à se concentrer sur l'instant présent.

l'améliorer, et découvrir la riche tradition liée à cet état, continuez à lire l'introduction et la première partie.

Si vous avez hâte de passer à la pratique, rendez-vous immédiatement à la seconde partie, mais lisez dans l'introduction le paragraphe « Prendre soin de ses cristaux » (voir page 18) avant de commencer.

La seconde partie, « Répertoire des cristaux de pleine conscience » décrit les qualités de chaque spécimen présenté pour soutenir votre démarche et des exercices vous permettant de manifester ces vertus dans votre vie.

Au niveau le plus simple, vous pouvez choisir de parcourir les pages jusqu'à être attiré par une photo, puis de travailler avec le cristal selon les indications. De cette façon, vous autorisez votre intuition à vous aider. Peut-être préférerez-vous cibler votre conscience cristalline plus spécifiquement en choisissant l'énergie minérale appropriée et en vous y accordant pendant les exercices. Aucun n'excède un quart d'heure, et plusieurs ne durent qu'une minute ou deux. Certaines personnes remarqueront un effet immédiat sur leur état d'esprit, d'autres plusieurs jours après. Rappelez-vous simplement que l'entraînement à la pleine conscience est nécessaire pour se perfectionner. Vous pouvez utiliser votre compagnon cristallin, comme décrit dans les étapes indiquées, une ou deux fois par jour, ou l'emporter avec vous jusqu'à remarquer un changement. Ensuite, rien ne vous empêche de continuer à apprécier le contact avec votre spécimen au quotidien. Y concentrer votre attention tout en pratiquant la respiration consciente (voir page 23), par exemple, moyen facile de revenir à l'instant présent, peut s'appliquer à tout moment.

Après quelque temps, peut-être souhaiterez-vous passer à l'élimination d'un autre obstacle pour trouver l'apaisement. Dans ce cas, tournez simplement les pages jusqu'à repérer la prochaine pierre appropriée. Et n'oubliez pas que les minéraux ont d'autres propriétés curatives susceptibles de se révéler si vous continuez à vous accorder avec eux.

DÉCOUVRIR LA PLEINE CONSCIENCE

Pratiquée depuis plus de deux mille cinq cents ans, la pleine conscience trouve ses racines dans les enseignements spirituels bouddhiques orientaux. Plus récemment, elle a suscité un engouement en Occident comme démarche séculière favorisant le bien-être. Thich Nhat Hanh, moine bouddhiste vietnamien, militant pour la paix et auteur de nombreux livres sur le sujet, la définit comme « l'énergie qui nous permet d'être conscients de ce qui se passe dans le moment présent[2] ». Les approches traditionnelles comprennent la méditation formelle et des disciplines comme le yoga, le qi gong, le tai-chi. Cependant, nul besoin de les adopter pour intégrer cette attitude dans votre vie. En effet, elles se déclinent aussi en exercices respiratoires simples, *via* l'accomplissement conscient des tâches journalières (faire la vaisselle ou marcher) et en mantras psalmodiés ou concentration sur un objet, comme un cristal. En d'autres termes, la pleine conscience s'apparente à n'importe quelle activité dont le but est d'être présent dans l'instant. Dans la seconde partie, vous trouverez des exercices variés vous aidant à l'appliquer au quotidien.

Tout en vous concentrant sur l'instant présent sans juger les pensées traversant votre mental ou s'écoulant dans votre environnement extérieur, la pleine conscience vous propose une façon d'être plus sereine. Une fois apaisé et ancré dans l'ici et maintenant, peut-être aurez-vous la sensation de plonger dans un état d'esprit plus créatif, souvent décrit comme « se mouler dans le flux ». Peut-être avez-vous expérimenté celui-ci lorsque vous étiez absorbé par une tâche que vous appréciez. La présente philosophie vous permet de l'incorporer dans toutes vos actions. La vie commence à être plus dynamique et joyeuse.

VIVRE LE MOMENT PRÉSENT

La pleine conscience permet de porter votre attention sur vos perceptions et expériences *à chaque instant*, comme vous pouvez le constater, sans vous forger une opinion, des visions, odeurs, sons, textures et goûts, en sus des pensées, émotions, sentiments et sensations corporelles.

Cette attitude permet de développer une « pensée habile », utile et pertinente pendant ce laps de temps. Elle apprend à rester calme et centré, tout en gardant à l'esprit que « ceci aussi passera », mais sans avoir besoin d'échapper au changement ou de l'accélérer. Rester dans l'instant présent approfondit les perceptions, élimine la tendance à ruminer le passé ou à s'inquiéter de l'avenir.

Pour moi, voici la question majeure : comment demeurer présent alors que la situation peut être d'une atrocité insupportable ? Confinée chez moi, quasiment aveugle et extrêmement désorientée pendant cinq mois, je ne pouvais que m'asseoir entourée de mes cristaux. Ils m'ont continuellement soutenue, offert espoir et réconfort. Selon maintes personnes souffrant de douleurs physiques ou mentales intenses et chroniques, de maladies graves ou de situations de vie particulièrement difficiles, la pleine conscience les aide à affronter des épreuves apparemment insoutenables. Grâce au soutien de mes compagnons, j'ai pu surmonter ces difficultés et accéder à cet état de plénitude. Vous pouvez aussi réussir.

LES BIENFAITS DE LA PLEINE CONSCIENCE

Pendant les dernières décennies, les neuroscientifiques du monde entier ont étudié la pleine conscience. Ils ont découvert tout un éventail d'avantages susceptibles d'être apportés par une pratique régulière, en raison de son efficacité avérée pour réduire stress et anxiété[3]. Cela génère à son tour les bienfaits suivants : meilleure santé physique et mentale, amélioration du fonctionnement cognitif, de la fonction digestive et intestinale, renforcement du système immunitaire, diminution des symptômes physiques et psychologiques du stress (comme l'hypertension artérielle), capacité accrue d'affronter la souffrance même si elle ne s'efface pas, ralentissement ou arrêt des réactions automatiques et habituelles.

Le mode de vie trépidant du XXIe siècle est un facteur augmentant le stress. Celui-ci, à long terme, même de faible intensité, est connu pour affecter négativement tous

Tenir une cornaline vous aide à prendre des décisions éclairées.

les principaux systèmes de l'organisme. Résultat : des symptômes allant des maux de tête, insomnie, faible libido, sautes d'humeur et brûlures d'estomac, à des conséquences plus graves comme hypertension artérielle, faiblesse immunitaire, perturbation hormonale, problèmes intestinaux[4].

Pas étonnant que « pleine conscience » soit l'expression à la mode partout. Les études successives ont prouvé que pratiquer ce type de méditation peut réduire considérablement le stress et impacter positivement le bien-être mental et physique[5]. Peut-être plus surprenant : nul besoin d'attendre des mois, voire des années, pour en ressentir les effets. L'étude intégrée dans la formation en ligne *Be Mindful* de l'université d'Oxford révèle ces résultats chez les participants : baisse de l'anxiété de 58 %, de la dépression de 57 %, du stress de 40 % un mois après le lancement du processus[6]. Selon les recherches publiées dans *Frontiers in Human Neuroscience*, les méditants ne doivent pas méditer activement pour constater les bienfaits dans le cerveau des changements résultant de leur expérience[7]. Pendant la méditation, la région amygdalienne – centre d'intégration du comportement émotionnel et de la motivation – est « réinitialisée » pour mieux traiter les émotions et maîtriser la colère. Ce changement est maintenu pendant les états non méditatifs.

Au vu de toutes ces preuves, il n'est nullement surprenant que les programmes de pleine conscience soient recommandés par le NHS[8] britannique. Les pratiques associées pour gérer la douleur et le stress, élaborées par le Dr Jon Kabat-Zinn, professeur émérite de l'École de médecine de l'Université du Massachusetts, sont dorénavant proposées par les centres médicaux, hôpitaux et organismes de médecine préventive et curative du monde entier[9]. La démarche est même adoptée par les Marines américains, suite à cette confirmation d'une étude récente : après seulement huit semaines de pratique, quinze minutes par jour, la capacité de gestion du stress des soldats s'est accrue sur et en dehors du champ de bataille, contribuant à améliorer leur condition physique et mentale[10].

La pleine conscience s'avère efficace dans d'autres domaines. Selon les conclusions d'une étude de l'université de Californie, à Santa Barbara, les étudiants formés à cette pratique obtiennent de meilleurs résultats dans les tests de raisonnement verbal. Leur mémoire et leurs fonctions cognitives sont améliorées, induisant des effets importants[11] (nous examinerons plus en détail les recherches liées au monde du travail pages 40-42). Dans une autre étude, réalisée par *Consumer Reports* auprès de l'*American Psychological Association*, sept psychologues sur dix notent qu'un tel entraînement est « excellent » ou « bénéfique » pour perdre du poids[12].

PANORAMA DES BIENFAITS À COURT ET LONG TERMES

Vous constaterez que les bienfaits apparaissent rapidement. Votre sensation de bien-être augmente, vous êtes plus apte à gérer ces situations : stress à court ou long terme, réactions émotionnelles, changement, anxiété et peur, situations difficiles, prise de décisions.

À plus long terme, un entraînement régulier suscite de multiples bienfaits améliorant la vie. Votre estime de vous-même augmentera, s'accompagnant d'une meilleure acceptation de soi et de tolérance envers autrui. Votre conscience – et acceptation – de votre corps se renforcera, votre intuition s'approfondira. Peut-être constaterez-vous ces bienfaits : énergie et enthousiasme renforcés pour la vie, entente accrue avec les autres, capacité à se détendre correctement et à devenir plus créatif, équilibre et résilience dans votre vie professionnelle et familiale. Vous réagirez à des situations par choix, et non instinctivement. Vous vous libérerez des contraintes du passé. Vous pourrez développer un goût plus marqué pour la musique, les arts, la gastronomie ou toute autre activité. Vous parviendrez à atteindre vos propres objectifs et à tirer le meilleur parti de chaque instant vécu.

PROFITER DE L'AIDE DE SES CRISTAUX

Regarder dans les profondeurs d'un cristal offre une clarté et une tranquillité d'esprit instantanées. Celles-ci deviennent l'objet d'une concentration douce et vous aident à rester attentif dans l'instant présent, sans le juger ou devoir le changer. Les minéraux proposent une perspective détachée ; ils existent depuis des millions d'années et, de leur point de vue, le temps qui passe n'est qu'un simple clin d'œil. Ils possèdent chacun des qualités uniques (voir pages 43-91) susceptibles d'aider à arrêter le bavardage mental ou la pensée compulsive. Ils apaisent vos angoisses, atténuent votre colère, montrent comment pardonner, laisser le passé être, et bien plus encore. Ils vous permettent d'être décisif le moment venu et de vous connecter avec votre soi à un niveau très profond.

DES RÉFLEXIONS CRISTALLINES

Chaque cristal de l'annuaire est accompagné d'une « réflexion cristalline » : des mots cherchant à évoquer une image mentale ou une sensation vous plongeant instantanément dans la pleine conscience. Plusieurs fois par jour, concentrez légèrement votre attention, juste pendant une à deux minutes, sur l'une de ces pensées. Elles sont formulées dans le présent, un peu comme une affirmation ou une déclaration d'intention, mais elles n'intègrent pas « je » ni un sens de soi basé sur l'ego. Elles ne sont pas synonymes d'actions à entreprendre. Ce sont des outils à garder dans votre œil mental pour *être* simplement en leur compagnie. Essayez de psalmodier doucement plusieurs fois, en chuchotant avec une intention rythmique. Regarder le minéral amplifie l'effet, mais n'est pas essentiel. Pour empêcher vos idées cristallines de devenir des réponses machinales, téléchargez une application de pause aléatoire et utilisez-la pour vous souvenir de les mettre en pratique à des moments inattendus.

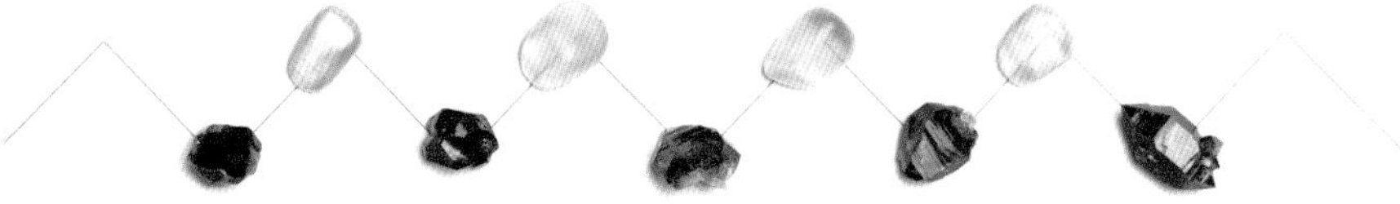

La sélénite et le quartz fumé combinés purifient un espace, favorisant une vie consciente.

MOTS-CLÉS ASSOCIÉS AUX CRISTAUX

Les mots-clés résument les bienfaits du cristal concerné en termes de pleine conscience. Il s'agit de raccourcis pour découvrir des propriétés spécifiques (acceptation, sérénité et capacité de lâcher prise).

Ils vous aident à trouver le spécimen nécessaire ou signalent un élément indispensable, comme pardonner ou couper les liens. Nous nous concentrons très souvent sur une émotion négative et nous pouvons avoir besoin d'un rappel pour nous tourner plutôt vers une qualité positive.

QUALITÉS CRISTALLINES

Tous les cristaux ont une capacité générique de guérison et vous ramènent vers la pleine conscience. Mais ils ont aussi des propriétés spécifiques. Votre compagnon peut aider à différents niveaux, en fonction de sa vibration énergétique, par exemple pour reconnaître votre soi spirituel ou résoudre certains problèmes. Chacun de nous possède une énergie inhérente et réagit aux minéraux de différentes façons. Bien que ceux présentés dans cet ouvrage visent à s'adapter à tous les cas, un autre pourrait mieux correspondre à votre énergie, surtout si vous le possédez déjà et que vous êtes tous les deux en accord. Comme les pierres œuvrent pour votre plus grand bien, faites-leur confiance pour renouer avec l'harmonie énergétique.

RÉFÉRENCES AUX CRISTAUX

Dans la première partie, les « Références aux cristaux » renvoient à ceux présentés dans la seconde. Elles offrent des alternatives si vous en possédez un approprié à votre situation, mais non mentionné dans le répertoire.

SE FAMILIARISER AVEC SES CRISTAUX

Tous les profils de cristaux présentés dans la seconde partie incluent un exercice visant un but précis. Examinons d'abord plusieurs façons générales permettant à ces outils polyvalents de faciliter la pleine conscience au quotidien (vous trouverez des modes de sélection des minéraux pages 18-19).

TENIR LES CRISTAUX

Prenez trois respirations conscientes (voir page 23) tout en tenant le cristal ou en regardant la photo. L'intention n'est pas de « décrocher », mais plutôt de devenir plus présent. Les « pierres de paume » – formes plates et arrondies (voir « Labradorite », page 78) – sont spécialement conçues pour faciliter cette utilisation de votre compagnon. Elles sont dénommées « pierres de l'inquiétude », bien que le qualificatif « anti-soucis » serait plus approprié. Elles sont excellentes si vous vous sentez anxieux et vous rappellent de rester dans l'instant présent. Un gros galet convient aussi (voir « Jaspe sanguin », page 48).

CONTEMPLER LES CRISTAUX

Si votre cristal est clair, et surtout s'il présente une surface plane et des occlusions (voir Améthyste de Brandenberg, page 56), vous pouvez l'utiliser pour le « contempler ». À cette fin, tenez-le ou placez-le devant vous à hauteur des yeux. Laissez votre regard devenir flou. Balayez-en doucement le minéral jusqu'à ce que vos yeux s'immobilisent naturellement, et continuez à le contempler jusqu'à ce que votre esprit s'éclaircisse, votre respiration ralentisse et permette de vous détendre pleinement dans l'instant présent. Cette méthode fonctionne bien avec la labradorite (page 78), la sélénite (page 70), l'anandalite™ (page 72), l'améthyste (page 64) ou la malachite (page 68).

PORTER LES CRISTAUX

Porter votre cristal permet à son énergie de rayonner dans votre champ énergétique personnel pour l'harmoniser. À faire lorsque vous avez réussi un exercice de la seconde partie et que vous souhaitez continuer à expérimenter ses effets.

Placés sur le thymus, à environ une largeur de main sous la gorge, ils sont très efficaces. Cet organe vous connecte avec vos systèmes immunitaires physique et subtil. Portez-les en pendentif ou en bracelet, un minéral porté à même la peau est d'une efficacité maximale.

TIRER PARTI DES PHOTOS

Les photos de ce livre transmettent l'énergie cristalline. Pour vous accorder avec celle-ci, placez votre main sur une image et autorisez l'énergie à pénétrer dans le chakra de la paume, puis à s'élever dans le bras pour remonter vers votre cœur et votre mental. Variante : placez quelques instants la photo face vers le bas sur la partie de votre corps qui en ressent le besoin tout en prenant trois respirations conscientes (voir page 23). Vous pouvez également y « contempler les cristaux », comme décrit page 16.

Cette photo de citrine procure les mêmes énergies que le cristal lui-même.

PRENDRE SOIN DE SES CRISTAUX

Pour tirer le meilleur parti de vos cristaux, choisissez-les minutieusement pour la tâche à accomplir, purifiez-les et rechargez-les avant de les utiliser comme décrit ci-dessous. Lorsqu'ils servent à des fins de pleine conscience, maintenez votre intention concentrée et autorisez-vous à ressentir l'amour inconditionnel ; cela permet aux énergies cristallines de s'écouler et de faire le meilleur usage de leur potentiel. Si votre spécimen est petit, sous forme de galet, protégez-le dans une pochette lorsque vous ne l'utilisez pas, emportez-le si nécessaire et touchez-le fréquemment. S'il est plus grand, placez-le à un endroit où vous le verrez souvent.

CHOISIR VOS CRISTAUX

Parcourir le répertoire des cristaux de la seconde partie et découvrir le compagnon qui attire votre attention est l'une des façons les plus simples de choisir celui associé à la pleine conscience. Sinon, référez-vous à la description pour sélectionner le plus adapté à vos besoins. Si vous utilisez des minéraux réels (plutôt que des photos) et hésitez sur le galet à choisir, plongez la main parmi eux après avoir fermé les yeux et demandez-leur de vous guider vers le minéral qui vous est destiné. Si l'un d'eux adhère totalement à vos doigts, c'est l'élu.

PRATIQUER LA RADIESTHÉSIE

Pratiquer la radiesthésie avec un pendule ou les doigts permet de repérer rapidement le bon cristal après avoir établi vos réponses « oui », « non », « peut-être ». Si vous utilisez l'instrument, tenez-le avec la chaîne enroulée librement autour de votre main et laissez-le descendre d'une longueur équivalente à la largeur de votre paume. Pour « oui », maintenez-le au-dessus de votre genou et demandez : « Est-ce que [prononcez votre nom] est mon nom ? » Il oscille généralement en cercle (notez la direction de l'oscillation) ou d'avant en arrière. C'est votre « oui ». Répétez avec un faux nom ; la réponse est votre « non » – votre outil peut bouger dans la direction opposée, d'arrière en avant ou circulaire. Pour « peut-être », il se balance généralement un peu ou bouge lentement.

Après avoir établi vos réponses « oui », « non », « peut-être », sélectionnez un cristal vers lequel vous vous sentez attiré, puis tenez votre pendule au-dessus de lui et demandez : « Est-ce le bon cristal ? » Si la réponse est oui, vous l'avez trouvé. Sinon, continuez à suivre cette méthode jusqu'à obtenir une réponse affirmative. Si on vous répond « peut-être », demandez « Existe-t-il un meilleur cristal pour moi en ce moment ? »

Pour pratiquer la radiesthésie des doigts, formez une boucle avec le pouce et l'index d'une main. Glissez votre autre pouce et votre autre index dans le cercle ainsi formé pour créer une autre boucle. Tirez fermement. Si la boucle tient, la réponse est affirmative ; si elle se détache, elle est négative. Comme ci-dessus, vérifiez les réponses « oui », « non » (qui peuvent varier), avant de commencer en demandant : « Est-ce que [dites votre nom] est mon nom ? », puis tirez. Dites votre vrai nom pour « oui » et un faux nom pour « non ». Après avoir établi vos « oui » et « non », sélectionnez un spécimen qui vous attire et formez une boucle, votre pouce et index l'un contre l'autre au-dessus de lui, en demandant : « Est-ce le bon cristal ? » Si vous obtenez un « oui », vous l'avez trouvé. Sinon, poursuivez jusqu'à obtenir une réponse affirmative.

Vous pouvez pratiquer la radiesthésie corporelle avec les chakras de vos paumes de la main – situés au centre de ces dernières – en tenant votre minéral et détectant l'énergie, qui picotera comme si un courant électrique montait dans vos bras. Si vous êtes dans une boutique de cristaux et toujours en compagnie de celui choisi au premier regard, il est ici pour vous.

NETTOYER ET RECHARGER LES CRISTAUX

Tous les cristaux doivent être nettoyés et rechargés régulièrement. Si le vôtre est un galet ou un solide, vous pouvez le nettoyer en le tenant simplement sous l'eau courante pendant quelques instants. Utilisez de l'eau en bouteille plutôt que du robinet si vous ne vivez pas près d'une source ou d'un cours d'eau naturel. Séchez-le, exposez-le à la lumière solaire ou lunaire pour le recharger. Variante : ajoutez quelques gouttes de nettoyant spécial pour cristaux (voir « Ressources », page 92) à l'eau de source embouteillée ou naturelle et immergez-y le minéral.

Si vous utilisez une methode de nettoyage à l'eau courante, ajoutez-y un nettoyant spécial avant d'immerger le cristal.

Cependant, si un cristal est fragile ou friable, stratifié, soluble dans l'eau ou composé de nombreux petits fragments, appliquez uniquement une méthode de nettoyage aqueuse par légère vaporisation d'eau de source. Ajoutez d'abord une ou deux gouttes du nettoyant dans la bouteille. Variante : placez le spécimen toute une nuit dans du riz brun (composter ou jeter ce dernier après usage). Le sel peut endommager les minéraux friables ou stratifiés, il est préférable de l'éviter comme nettoyant. Autre méthode : laisser toute une nuit le minéral dans un sachet contenant plusieurs morceaux d'halite. Notez ceci : cette dernière est composée de cristaux de sel. Par conséquent, elle est soluble dans l'eau et n'a pas besoin d'être rechargée avant utilisation. Si vous en avez utilisé, ou recouru à l'eau courante pour nettoyer votre spécimen, rechargez celui-ci à la lumière solaire ou lunaire, ou utilisez un chargeur breveté (voir « Ressources », page 92). Le quartz clair et fumé, la cornaline et la citrine peuvent également servir à nettoyer et à réénergiser un spécimen, mais ils devront peut-être être nettoyés ensuite.

AUGMENTER LA PUISSANCE DE VOS CRISTAUX

Après avoir récupéré sa vibration énergétique la plus pure, le cristal sera prêt à voir augmenter sa puissance afin de travailler pour votre plus grand bien. Tenez votre spécimen nettoyé et rechargé entre vos mains pendant quelques instants, et demandez-lui de toujours mener sa mission. Laissez couler en son sein votre amour et votre intention, et sentez-le vous retourner l'énergie.

PREMIÈRE PARTIE

ATTEINDRE LA PLEINE CONSCIENCE GRÂCE AUX CRISTAUX

LE CORPS

Nous savons si nous avons faim ou soif, si nous souffrons, si nous nous sentons bien ou mal à l'aise. La pleine conscience nous connecte avec notre corps. Selon certaines études, ses pratiques peuvent gérer aussi efficacement la douleur que les analgésiques sur ordonnance[13]. Il est aussi prouvé qu'elles procurent des bienfaits : renforcer le système immunitaire de l'organisme en augmentant la résistance aux maladies chroniques et infectieuses, améliorer la santé cardiaque et circulatoire en réduisant la tension artérielle[14], soulager les problèmes gastro-intestinaux[15] et l'insomnie[16]. Les cristaux offrent aussi une foule d'avantages physiques puissants et de bienfaits, et, combinés à cette démarche, ils fournissent un puissant outil de guérison.

LE STRESS : LA RÉACTION COMBAT OU FUITE

Le stress est le principal suspect des effets néfastes sur notre santé et bien-être. Il serait la cause sous-jacente d'environ 60 % des maladies[17]. La réaction résulte du mécanisme de survie « combat ou fuite » de l'organisme. Quand une menace est perçue, le corps se prépare à produire une action musculaire violente et l'adrénaline l'inonde pour nous aider à réagir : la tension artérielle augmente, le rythme cardiaque et la respiration s'accélèrent. En ce XXIe siècle trépidant, il n'est pas rare d'éprouver cette sensation plusieurs fois par jour, déclenchée non par un danger réel, tel qu'un animal dangereux, mais par un mail inquiétant, un embouteillage ou des préoccupations concernant une échéance au travail.

Nier le stress l'intériorise, pouvant entraîner douleur, insomnie, anxiété et dépression, et s'accompagnant des symptômes suivants : rythme cardiaque irrégulier, hypertension artérielle, épuisement, tension musculaire, crise cardiaque, accidents vasculaires cérébraux. Cet état peut également entraîner suralimentation et malnutrition consécutives à des réactions intestinales. La réponse consciente : l'autoriser simplement à être, le reconnaître, mais éviter de s'y focaliser. Pour rester dans l'instant, respirez de façon consciente et rythmée. Tapoter doucement son cristal sur la partie supérieure de la poitrine rééquilibre rapidement le corps.

LE SOULAGEMENT CONSCIENT DE LA DOULEUR

Les pratiques de pleine conscience ciblent votre attitude face à la douleur et aident à vous concentrer sur autre chose. Commencez par vous ancrer dans votre corps en prenant plusieurs respirations conscientes. Essayez de respirer au cœur de votre souffrance, reconnaissant consciemment celle-ci et ses sensations : acceptez-la, embrassez-la, accompagnez-la. Trouvez des mots pour la décrire, notez-la sur une échelle de 1 à 10, sans la juger. Reconnaissez simplement sa nature, puis déplacez votre conscience vers une partie indolore de votre organisme. Restez avec cette impression. Considérez la perception différente procurée, libre de tout jugement. Faites cette expérience trois ou quatre fois, et libérez-vous de toute peur. Remarquez comment diminue votre mal-être, sans vous concentrez sur lui. Disposer un cristal antidouleur dans un endroit et y aspirer le trouble contribue aussi à l'atténuer.

LA RESPIRATION CONSCIENTE

La respiration est la clé de la pleine conscience, visant à gérer le stress ou la peur et leurs conséquences physiologiques. Lorsqu'on vous demande de « respirer » dans cet ouvrage, il s'agit de respiration consciente, lente, s'accompagnant d'une attention concentrée, ressentant l'air entrant par les narines, descendant par la gorge et la trachée jusque dans les poumons. Sentez comment vos côtes et poumons s'emplissent d'air et comment votre ventre se gonfle. Faites une pause confortable et consciente avant d'expirer. Sentez comme votre ventre, vos côtes et poumons se dégonflent. Suivez l'air remontant la trachée, traversant la gorge et ressortant par les narines, ou la bouche si vous préférez, pour soupirer doucement ou expirez tout votre air intentionnellement. Baissez les épaules et reposez-vous quelques instants avant d'inspirer à nouveau. Placez un cristal sur votre ventre, retenez votre souffle, puis expirez en commençant par la zone touchée par le spécimen pour améliorer le processus.

RÉFÉRENCES AUX CRISTAUX

Ces cristaux soulagent douleur et stress : œil du cyclone (page 44), jaspe sanguin (page 48), améthyste (page 64), malachite (page 68), silex (page 86), azurite, hématite, quartz clair. Voir aussi l'agate (page 58) et l'agate blue lace (page 66).

LE MENTAL

La plupart des personnes sont constamment « dans leurs pensées ». Celles-ci sont parfois conscientes, mais la plupart du temps, elles sont plus « machinales » que « réfléchies », dépourvues de conscience. Bien que les estimations varient, d'après l'Institut de neuro-imagerie de l'université de Californie du Sud, une personne a en moyenne 48,6 pensées par minute, soit un nombre ahurissant de 70 000 par jour[18]. Si vous êtes déprimé ou anxieux, ce volume augmente. Des pratiques régulières de la pleine conscience, comme la méditation formelle, mais aussi de simples exercices respiratoires et conscients où nous nous concentrons sur un cristal, peuvent renforcer l'attention envers nos pensées – nous en devenons l'observateur plutôt que l'instigateur. Ainsi, nous sommes moins enclins à nous laisser emporter par une vague de réflexions stressantes et effrayantes. Plus nous nous concentrons sur l'instant présent, plus le mental et le corps se calment facilement.

LA PENSÉE D'EN BAS

La plupart des pensées sont des « bruits de fond » machinaux ou inconscients. Peut-être vous inquiétez-vous de l'état de vos finances, observez-vous une personne attirante ou le ciel nuageux aujourd'hui en vous demandant s'il vous faut un parapluie. Il s'agit d'actes mentaux conscients, mais rarement intentionnels. Une partie inconsciente de votre être surveille les clameurs, les sensations de cliquetis, les souvenirs pétillants, les intuitions louables et les habitudes inconscientes en les jugeant. Votre sensation de sécurité ou d'anxiété peut être le résultat de ces réflexions ou perceptions qui affectent vos réactions aux situations et personnes. Cela est formulé par vos propos : « c'est un casse-pieds », « elle devient trop bruyante », etc. Votre corps aussi s'adresse souvent à votre mental, réagissant instantanément au langage corporel d'autrui. Tout cela est « en pensée », quoique sans réfléchir.

Le cerveau ressemble à un ordinateur. Il exécute des programmes courants, rencontre des bugs et blocages. Les freins et contre-pouvoirs qui y résident bloquent une prise de conscience amplifiée et nous poussent sur des chemins bien définis. On a suggéré qu'il était possible de traiter jusqu'à 40 milliards de bits d'information par seconde et nous serions censés en connaître 2 000[19] – soit d'innombrables comparaisons, jugements et mesures. Apprendre à gérer ce processus jusqu'à un certain point et faire taire les bavardages mentaux inutiles autant que possible est essentiel si vous voulez vous accorder avec cet état étendu. Vous entrez alors dans l'espace du « mental vide » ou, pour mieux le désigner, du « mental réceptif. », paradoxalement à la fois calme et dynamique. Il ne renferme aucune idée reçue, aucun programme interne, compulsion ou prédiction. Vous y rencontrez chaque instant à mesure qu'il se présente et réagissez en conséquence.

Ces paires de mots-clés et de phrases résument les qualités d'un état irréfléchi/vigilant : inattentif/attentif ; rêvassant/entièrement présent ; conventionnel/spontané ; répétitif/créatif ; confus/clair ; routinier/interactif ; dispersé/centré ; temporel/indémodable ; contraint/libre ; buté/réceptif. Quelle formulation vous interpelle ?

RÉFÉRENCES AUX CRISTAUX

Œil du cyclone (page 44), quartz fumé (page 50), auralite 23 (page 52), cornaline (page 60), améthyste (page 64) ; autres cristaux associés au mental : sélénite (page 70), lapis-lazuli, fluorite.

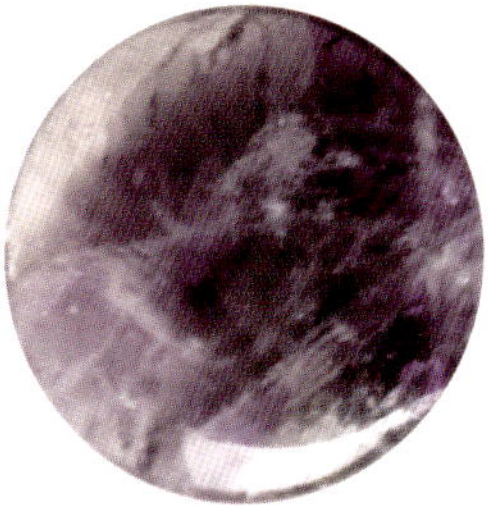

L'améthyste, portail vers un mental calme et lucide.

LA MODIFICATION DE SES ANCIENS SCHÉMAS

Notre cerveau est doté de neuroplasticité : il peut modifier son câblage. Selon des études, la pleine conscience y crée des changements fonctionnels et structurels utiles dans les cas suivants : dépression, abus de drogues, conflits relationnels, perturbations telles que problèmes alimentaires, anxiété et troubles obsessionnels compulsifs qui résultent tous de schémas bien ancrés[20]. Quand nous pratiquons la conscience de l'instant présent et utilisons les qualités curatives des cristaux, nous devenons progressivement conscients des pensées et attitudes négatives qui nous assaillent généralement.

PILOTE AUTOMATIQUE CONTRE EXPÉRIENCE DIRECTE

De nombreuses personnes sont constamment en pilote automatique, présentant des réactions habituelles enracinées par une longue expérience. Se sentir désactivé et engourdi est symptomatique de cet état. Celui-ci peut conduire à se focaliser sur l'évitement de la douleur, l'étouffement des sentiments, voire les addictions. D'autres peuvent être plus conscientes, mais sont encore esclaves d'habitudes et d'attentes, coincées dans une boucle de rétroaction affirmant : « C'est ainsi que cela a été et doit donc être... ». Cela ne laisse aucune place au changement. Il peut s'agir d'être perdu dans ses pensées, se projetant constamment dans l'avenir et presque jamais dans le présent. Selon des recherches en neurosciences menées par Norman Farb à l'Université de Toronto, agir ainsi utilise un réseau neuronal spécifique appelé le « système par défaut », ou « circuit narratif[21] ». Il s'appuie sur les souvenirs passés pour gérer les expériences quotidiennes. Utile pour planifier, élaborer des stratégies et fixer des objectifs, il ne fonctionne pas en temps réel ni n'interprète des paramètres sensoriels immédiats ou de nouvelles données intellectuelles.

Les recherches ont également permis d'identifier un type d'expérience plus direct, actif, participatif, immédiat et sensoriel. Celui-ci est conscient et peut désactiver le système par défaut pour permettre d'être attentif aux données immédiates.

Prendre une respiration consciente (voir page 23) ou choisir votre cristal peut activer cette expérience directe, vous aidant à vous sentir vivant et vous plongeant dans l'instant présent. Par exemple, si vous vous inquiétez lors d'un imprévu et que votre mental s'affole, vous pouvez rapidement déconnecter les circuits narratifs qui dirigent ces pensées. Cela s'applique aux programmes ancrés plus profondément (réactions habituelles, hypothèses, addictions ou pensées compulsives). En arrivant dans l'instant présent, votre corps relaie de nouvelles informations vers votre esprit. Vous n'êtes plus prisonnier du passé et réagissez avec souplesse à chaque nouvelle situation. Vous acquérez la capacité de façonner votre avenir.

RÉFÉRENCES AUX CRISTAUX

Auralite 23 (page 52), turquoise (page 54), améthyste de Brandenberg (page 56), cornaline (page 60), améthyste (page 64), malachite (page 68), quartz rose (page 80).

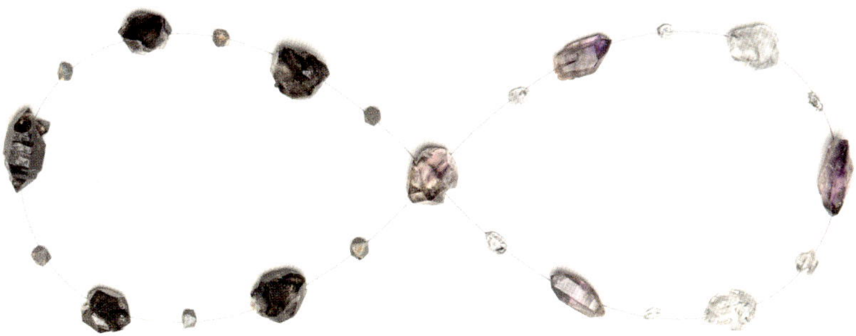

Si vous êtes bloqué sur le pilote automatique, des cristaux comme le quartz fumé, l'améthyste et les diamants de Herkimer peuvent contribuer à vous libérer.

LES ÉMOTIONS

Les cristaux sont de puissants guérisseurs d'émotions. Ils peuvent atténuer colère, honte et culpabilité, encourager le pardon et vous éviter tout jugement sur vous-même ou les sentiments d'autrui. Ils vous aident à garder espoir dans les situations les plus désespérées et vous enseignent à rester calme quoi qu'il arrive. Même des émotions positives, comme la joie, en cas d'investissement trop intense à leur égard, peuvent vous déconnecter de l'instant présent. Si vous vous éloignez de ce dernier, vos attentes émotionnelles façonnent un futur susceptible d'être déformé par la peur de l'avenir, ou faussé par les souvenirs du passé. Nous anticipons les expériences à vivre et voyons ce que nous voulons voir. Et ce que nous voyons est profondément coloré par nos émotions, positives ou négatives. La pleine conscience cristalline vous aide à réguler votre état émotionnel, alors que vous remplacez les sentiments négatifs par d'autres plus positifs, vous évitant ainsi d'être totalement submergé par vos émotions[22].

ÉMOTIONS PRIMAIRES

Le psychologue Robert Plutchik a identifié huit émotions de base – confiance (acceptation), dégoût (honte), joie, tristesse, colère, peur, anticipation (intérêt) et surprise – et polarités qui produisent des émotions secondaires donnant naissance à la « roue des émotions » (voir illustration ci-contre). Alors que vous vous éloignez progressivement de son centre, l'intensité de vos perceptions diminue. Cette approche est utile pour percevoir le mode d'interaction et d'engendrement mutuels des émotions (celles-ci ou d'autres). L'endroit conscient où se trouver en est le centre même, entouré par vos émotions et les observant, attentif aux sensations sans les laisser vous submerger pour autant. Placez-y votre cristal et votre attention pour trouver la sérénité émotionnelle.

AFFRONTER LA PEUR

La peur est extrêmement toxique et incroyablement contagieuse. Quand une personne panique, son entourage a tendance à faire de même. La crainte de

Modèle d'interaction des émotions de Plutchik

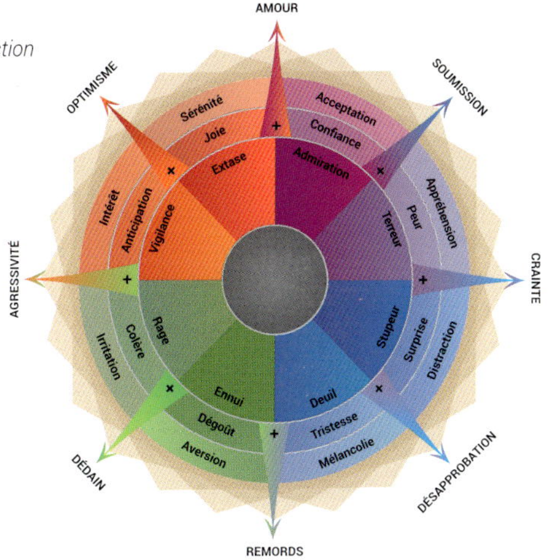

l'inconnu est projetée dans l'avenir et concerne un événement susceptible de ne jamais se produire ; l'appréhension du connu est fondée sur la régurgitation de l'expérience passée. Elle empêche de nous détendre ou de passer à un mode plus productif ; poussée au maximum, elle peut provoquer des réactions physiologiques préjudiciables comme hypertension artérielle et anxiété extrême. Utiliser vos cristaux vous aide à libérer le passé et à éliminer les « et si » qui créent l'angoisse du futur. Le secret : reconnaître la peur (ou toute autre émotion) plutôt que la réprimer. Sentez-la pleinement dans l'instant, sans la juger, puis laissez-la partir et ancrez-vous dans le centre paisible de la roue des émotions. Respirer consciemment en compagnie des minéraux facilite le processus (voir page 23).

RÉFÉRENCES AUX CRISTAUX

Œil du cyclone (page 44), turquoise (page 54), agate (page 58), améthyste (page 64), agate blue lace (page 66), aigue-marine (page 76), quartz rose (page 80), rhodochrosite (page 82), chrysocolle (page 84).

L'ESPRIT

Les cristaux ont une affinité naturelle avec l'Esprit. Par exemple, la sélénite et l'anandalite™ apportent la lumière divine cristallisée, partie brillante, lumineuse de notre être, dénommée âme par certains. D'autres lient ce souffle à une conscience plus élevée, d'autres encore à la personnalité, bien qu'elle s'étende au-delà du corps physique et de sa perception limitée. Il incarne tout ce qui nous anime et nous connecte avec l'univers. Il porte en lui les qualités d'amour inconditionnel, de bonté, de compassion, de sagesse, de tolérance, de compréhension profonde, d'acceptation et d'expansion. Avec lui, nous faisons l'expérience de la plénitude et de l'unité. Il n'est plus une entité isolée, mais incarne notre essence la plus profonde.

L'ESPRIT CONSCIENT

Le mot anglais *spirit* vient du latin *spiritus* signifiant « souffle ». Les pratiques de pleine conscience nous plongent dans une connexion profonde avec l'Esprit, nous aidant à saisir l'étendue de notre être. Leur acceptation sans réserve et consciente permet de nous connecter avec la sagesse spirituelle, porte-parole avisé faisant partie intégrante de nous-mêmes, mais rarement rencontrée au quotidien. Nous avons besoin de tranquillité d'esprit pour que se révèle ce mentor par le biais d'une voix intérieure. Respirer consciemment et se concentrer sur un cristal nous offre une clarté d'esprit ; nous savons qui nous sommes et pouvons transmettre ce message au monde. L'esprit accueille le changement, sachant que cela facilite notre évolution. Il reconnaît la valeur de toutes nos expériences et, en les considérant dans une perspective plus large, ne les juge pas. Il nous apprend à faire confiance à chaque instant.

RÉFÉRENCES AUX CRISTAUX

Charoïte (page 46), améthyste de Brandenberg (page 56), quartz esprit (page 62), sélénite (page 70), anandalite™ (page 72), labradorite (page 78), quartz clair.

Quartz feu et glace : ce cristal aide à nous souvenir que nous sommes un esprit habitant un corps humain.

L'ESPACE

Si vous êtes attentif, vous surveillez consciemment et attentivement votre espace plutôt que de le gérer comme un programme d'arrière-plan. Notre environnement empiète sur notre existence plus qu'on le pense. Le paysage physique nous environnant, la roche sous nos pieds, les énergies plus subtiles associées aux conditions météorologiques, à l'électromagnétisme et à la pression atmosphérique peuvent affecter notre humeur et notre fonctionnement. La pleine conscience nous aide à être plus sensibles à ces influences et à apprécier la nature dans toute son immédiateté. Elle nous aide aussi à savoir si notre cadre de vie est bénéfique et, en combinaison avec des cristaux, à créer un lieu sacré où vivre, aimer et travailler.

CRÉER UN ESPACE SÉCURISÉ ET SACRÉ

Placer des cristaux autour de votre maison ou lieu de travail sécurise un environnement. Ils vous protègent des effets électromagnétiques néfastes, des énergies terrestres et d'autres perturbations environnementales. Ils créent aussi un sanctuaire favorisant la pleine conscience. La sélénite est parfaite à cet égard. Entourez votre espace de méditation de minéraux pour améliorer votre pratique ou disposez-les autour de votre lit pour vous endormir facilement. Ils approfondiront votre harmonie avec les énergies spirituelles, vous aidant à vivre et à respirer plus consciemment. Des pierres comme la tourmaline noire peuvent aussi servir pour tourner le dos aux pensées empreintes de colère ou de jalousie, vous laissant libre de simplement être. Placer des spécimens sur une carte transmet la guérison dans le monde entier. Une matrice cristalline irradiera des énergies bénéfiques dans votre entourage immédiat. N'oubliez pas d'utiliser votre mental ou une baguette (cristal à longues pointes) pour réunir les formes cristallines.

RÉFÉRENCES AUX CRISTAUX

Œil du cyclone (page 44), sélénite (page 70), citrine (page 74), silex (page 86), tourmaline noire (page 88).

LES CHAKRAS

Les chakras sont des centres d'énergie subtils officiant comme médiateurs entre les corps physique et spirituel (l'aura), et entre cette aura et l'environnement extérieur. Ils peuvent résoudre de nombreux problèmes qui entravent la pleine conscience. S'ils sont équilibrés, vous ressentez du bien-être. S'ils sont déséquilibrés, vous endurez malaise physique, émotionnel, mental ou spirituel. Pour les rééquilibrer, disposez des cristaux appropriés dessus et étendez-vous tranquillement en respirant consciemment parmi eux entre cinq et quinze minutes. Les domaines de la vie qui leur sont associés s'éclaircissent et se dissolvent d'eux-mêmes, entraînant moins de distractions et une présence attentive plus affirmée.

LES CHAKRAS CONSCIENTS

Traditionnellement, on recense sept chakras bien qu'il y en ait davantage. Celui de l'étoile terrestre, sous les pieds, est l'un des plus importants. Si vous n'êtes pas complètement ancré (c'est-à-dire connecté avec la planète), vous ne serez pas dans votre corps et ne pourrez être pleinement conscient. Tout aussi important : le chakra supérieur du cœur, au milieu du sternum, régule votre système immunitaire physique et subtil. Le jaspe sanguin règle les problèmes qui lui sont associés. Les centres énergétiques du troisième œil, couronne et couronne supérieure, ouvrent votre connexion spirituelle.

CHAKRA ÉTOILE TERRESTRE

Fonction : sécurité.
Position : sous les pieds.
Qualités : connexion physique et matérielle, ancrage, protection, stabilité.
Équilibre : ancrage, manifestation pratique, bon fonctionnement dans la réalité quotidienne.
Déséquilibre : absence d'ancrage et de perception du pouvoir personnel, incapacité à agir dans la réalité quotidienne, sensibilisation à la négativité.
Références aux cristaux : œil du cyclone (page 44), quartz fumé (page 50), silex (page 86), tourmaline noire (page 88).

CHAKRA RACINE

Fonction : énergie.

Position : base de la colonne vertébrale.

Qualités : instincts physiques et de survie, sécurité élémentaire, perception de son pouvoir personnel.

Équilibre : activité, indépendance, aptitude spontanée de chef de file.

Déséquilibre : impatience, crainte de l'annihilation, désir de mort, excès de puissance ou impuissance, vengeance, hyperactivité, colère, violence, manipulation.

Références aux cristaux : œil du cyclone (page 44), jaspe sanguin (page 48), agate (page 58), cornaline (page 60).

CHAKRA SACRÉ

Fonction : créativité.

Position : à une largeur de main en dessous du nombril.

Qualités : créativité physique, procréation, connectivité.

Équilibre : courage, affirmation, confiance, joie dans la sexualité, plaisir sensuel, acceptation de l'identité sexuelle.

Déséquilibre : faible estime de soi, infertilité, cruauté, paresse, caractère pompeux, sentiment d'infériorité, crochets émotionnels.

Références aux cristaux : cornaline (page 60), citrine (page 74), ménalite.

CHAKRA DU PLEXUS SOLAIRE

Fonction : contrôle émotionnel.

Position : à une largeur de main au-dessus de la taille.

Qualités : connexion et assimilation émotionnelles, motivation.

Équilibre : bonne utilisation de l'énergie, empathie, organisation, intelligence active.

Déséquilibre : mauvaise utilisation de l'énergie, paresse, excès d'émotion ou de froideur, cynisme, bagage émotionnel, vampirisme énergétique, confrontation avec les sentiments et les problèmes.

Références aux cristaux : aigue-marine (page 76), rhodochrosite (page 82), chrysocolle (page 84), aventurine verte.

CHAKRA DU CŒUR

Fonction : relations.

Position : base du sternum.

Qualités : guérison de la détresse émotionnelle, amour inconditionnel.

Équilibre : tendresse, générosité, flexibilité, compassion, attention, confiance en soi, acceptation.

Déséquilibre : déconnexion, incapacité à montrer son amour, jalousie, possessivité, sentiment d'insécurité,

avarice, résistance au changement.
Références aux cristaux : quartz rose (page 80), aventurine verte.

CHAKRA DE LA GORGE

Fonction : communication.
Position : sur la gorge.
Qualités : capacité à lier les émotions et l'intuition avec la communication mentale.
Équilibre : capacité à exprimer sa vérité, réceptivité, idéalisme, loyauté.
Déséquilibre : incapacité à verbaliser ses pensées ou sentiments, blocage, dogmatisme, déloyauté.
Références aux cristaux : turquoise (page 54), agate blue lace (page 66), aigue-marine (page 76).

CHAKRA DU TROISIÈME ŒIL

Fonction : harmonisation.
Position : milieu du front, au-dessus des sourcils.
Qualités : intuition et connexion mentale.
Équilibre : intuition, perception, capacité visionnaire, présence dans l'instant présent.
Déséquilibre : tendance à planer, crainte, attachement au passé, superstition, bombardement des pensées d'autrui.
Références aux cristaux : auralite 23 (page 52), améthyste (page 64), sélénite (page 70), aigue-marine (page 76), labradorite (page 78).

CHAKRAS COURONNE ET COURONNE SUPÉRIEURE

Fonction : connexion spirituelle.
Position : sommet de la tête et au-delà.
Qualités : connexion spirituelle, illumination.
Équilibre : mysticisme, créativité, humanisme, capacité à rendre service.
Déséquilibre : excès d'imagination, illusion, arrogance, contrôle des autres, tendance à planer.
Références aux cristaux : améthyste de Brandenberg (page 56), sélénite (page 70), anandalite™ (page 72), labradorite (page 78).

LES RELATIONS

Lorsque nous insufflons la pleine conscience dans nos relations, nous devenons plus conscients de la valeur de chaque individu et faisons preuve d'un respect mutuel. Ce faisant, nous avons la sensation de devenir moins critiques et intolérants, montrant une acceptation et une confiance accrues envers nous-mêmes et autrui. Les contacts conscients sont exempts d'attaches et de conditions, ils offrent la liberté d'être simplement soi-même. Peut-être le plus important de tout : la pleine conscience avec notre entourage aide à écouter vraiment : entendre ce qui se dit réellement sur l'instant et réagir de façon appropriée. Ainsi, chaque présence est fraîche et spontanée, évoluant dans l'instant présent. Elle n'est pas fondée sur l'expérience passée. Elle *est*, tout simplement.

Les qualités d'une relation consciente – amour, acceptation, tolérance, confiance – s'incarnent dans des cristaux curatifs qui, combinés avec des pratiques de pleine conscience, peuvent bénéficier à tous nos contacts, non seulement à un mariage ou à un partenariat, mais aussi aux liens avec nos enfants, parents, amis, collègues de travail, patrons et salariés.

QU'ENTEND-ON PAR AMOUR INCONDITIONNEL ?

L'amour inconditionnel est parfois perçu comme signifiant ceci : vous idolâtrez votre partenaire et acceptez les mauvais traitements, vous laissant marcher sur les pieds. C'est la définition du martyr. L'amour inconditionnel offre acceptation et respect profond. Il s'agit non pas de désirer ou d'attendre quelque chose en retour, mais d'autoriser. Voici ce que la pleine conscience cristalline aide à appréhender : nous pouvons être dans notre propre espace, toujours aimant et acceptant, sans être affecté par le comportement des autres et submergé par leurs besoins et émotions. Vous leur permettez d'être ce qu'ils sont et cela ne vous affecte pas.

Dans une relation consciente, vous ne blâmez pas, mais n'idéalisez pas non plus. Vous vous en tenez à ce qui est. Vous pouvez reconnaître la perle dans le cœur de l'autre, être conscient de ce qu'il serait « si seulement... », et laisser aller cette pensée. Il est inutile de changer une personne puisque vous l'acceptez comme elle est maintenant. Lorsque vous restez conscient et autorisez le cristal de votre choix à vous soutenir, vous compatissez sans passion, vous ne vous laissez pas entraîner dans « ses affaires » ni ne projetez les vôtres. C'est alors qu'une relation d'amour et d'égalité est possible.

Dans une relation consciente, vous :

- écoutez, entendez ;
- êtes pleinement présent ;
- ne supposez ni n'interprétez ;
- êtes respectueux ;
- êtes engagé, vivant, spontané ;
- n'exigez rien ;
- êtes conscient de vos pensées et sentiments ;
- soutenez et réfléchissez, sans tenter ou forcer ;
- laissez aux autres l'espace pour être, tels qu'ils sont à chaque instant ;
- voyez les relations telles qu'elles sont en cet instant ;
- êtes compatissant et impartial ;
- ne distribuez pas les blâmes ;
- vivez dans le présent et non dans le passé.

RÉFÉRENCES AUX CRISTAUX

Quartz rose (page 80), rhodochrosite (page 82), rhodonite, manganocalcite, aventurine verte.

Le quartz rose, traditionnellement associé à l'amour, est parfait pour encourager la pleine conscience dans les relations.

L'ART DE COUPER LES LIENS

Les relations créent des attaches et liens subtils susceptibles de se prolonger longtemps après la fin de l'interaction personnelle. De telles connexions relient énergiquement les êtres et peuvent s'avérer extrêmement épuisantes, constituant de fait un obstacle à la pleine conscience. Elles peuvent être nouées avec une personne rencontrée très brièvement, surtout si celle-ci est un vampire énergétique (voir encadré ci-contre) ou si elle inspire un désir jamais satisfait.

LES LIENS ÉMOTIONNELS

Les liens entre les personnes en couple peuvent être exténuants s'ils sont associés aux attentes, devoirs, obligations et « si seulement » qui restreignent les rapports et épuisent l'énergie. Ils feront obstacle à la pleine conscience. C'est le cas pour de nombreuses relations, y compris celles tissées entre parents et enfants partenaires et collègues de travail. Pour certains, « aimer » ses enfants ou autrui implique un rayonnement subtil d'acceptation ou de non-acceptation, selon que l'autre se conforme ou non aux exigences ou conditions considérées comme « suffisamment satisfaisantes ». Malheureusement, l'amour n'est que trop souvent une méthode de contrôle. Si vous prenez conscience de vous être livré à un tel contrôle ou d'avoir été contrôlé, couper les liens vous libère.

Placez l'aventurine verte sous votre aisselle gauche pour vous protéger des vampires énergétiques.

Couper les liens émotionnels et les exigences accumulés au fil du temps libère les deux parties, leur permettant d'être elles-mêmes et de trouver leur place dans la vie. Ce processus n'ampute pas l'amour, mais élimine tout ce qui peut se faire passer pour tel.

En lâchant prise, le lien amoureux devient souvent plus fort et la relation s'améliore, l'autre étant perçu comme un être à part entière. Si vous êtes attentif, couper les liens peut s'effectuer sans passion ni manipulation, permettant aux deux parties de simplement être.

Les liens avec le passé, une idée ou un espoir pour l'avenir peuvent également être restrictifs. Les couper permet de vous libérer pour être spontané, laissant le futur se dérouler de lui-même, alors que vous restez avec ce qui est.

LES VAMPIRES ÉNERGÉTIQUES

Peut-être avez-vous remarqué que, en compagnie d'une certaine personne, votre niveau d'énergie chute de façon spectaculaire. Si c'est le cas, vous êtes en présence d'un vampire énergétique. Celui-ci a tendance à s'accrocher au chakra de la rate, situé sous le bras gauche et, depuis cet endroit, à aspirer l'énergie, souvent sans le savoir, mais provoquant un effet dévastateur. L'utilisation d'un silex et l'exercice page 87 vous libéreront rapidement. Placer une aventurine verte ou un silex sous votre aisselle vous protégera de ces relations néfastes.

RÉFÉRENCES AUX CRISTAUX

Charoïte (page 46), citrine (page 74), silex (page 86), aventurine verte, mayanite arc-en-ciel.

SUR LE LIEU DE TRAVAIL

Vous serez peut-être surpris d'apprendre que Google, Intel, Goldman Sachs et US Aetna, géant de la santé, font partie des entreprises impliquées dans la pleine conscience – tout comme un nombre croissant de sociétés importantes et d'entreprises de Fortune 500 qui proposent à leurs salariés méditation, pleine conscience, entraînement de l'esprit et intégration de ses principes dans les environnements de travail[23].

La pleine conscience est considérée comme un outil commercial très efficace. Selon le NYU Stern Leadership Development Programme, « les dirigeants actuels affrontent un éventail de défis de leadership dynamiques et rapides s'appuyant sur la capacité à prendre des décisions éclairées et éthiques face à des pressions et instabilités toujours croissantes ». Il souligne que « l'incertitude peut miner les décisions, conduisant à des erreurs coûteuses ayant des répercussions sur les personnes, entreprises, collectivités, et potentiellement des industries entières ». Un nouveau paradigme commercial facilite l'« excellence de leadership stimulant les résultats de l'entreprise tout en insistant sur les qualités suivantes : compassion, conscience de soi, courage, résilience sur les plans personnel, interpersonnel et organisationnel[24] ». Celles-ci sont considérées comme essentielles à la survie et à la pérennité de sociétés fructueuses et éthiques. Leur solution : proposer des cours de pleine conscience aux étudiants de premier cycle, diplômés et salariés, pour intégrer cette compétence dans l'ensemble de l'environnement professionnel.

La pleine conscience peut profiter à tout milieu professionnel. Dans le monde entier, de la salle de réunion à l'entrepôt, dirigeants, salariés et travailleurs y recourent régulièrement : les résultats sont probants[25]. Dans une étude, après avoir appliqué cette méthode, les magasiniers se sont montrés « plus à l'écoute de leur environnement et conscients de leur comportement. Résultat : une discipline accrue dans l'exercice de leurs fonctions au sein de l'usine. » Le même principe s'applique à toute tâche.

SYNTHÈSE DES BIENFAITS DE LA PLEINE CONSCIENCE AU TRAVAIL

La pleine conscience au travail procure ces bienfaits :

- satisfaction professionnelle accrue ;
- baisse des niveaux de stress ;
- réactions appropriées au stress ;
- amélioration de la santé des salariés ;
- meilleures pratiques de gestion ;
- plus grande capacité de concentration ;
- augmentation de la productivité ;
- qualité améliorée des relations professionnelles ;
- niveau plus élevé d'engagement dans les réunions par rapport aux projets et efforts des équipes ;
- améliorations en matière de réflexion novatrice ;
- optimisation des aptitudes à communiquer ;
- diminution significative des douleurs professionnelles et des blessures sur le lieu de travail.

PRATIQUER LA PLEINE CONSCIENCE SUR VOTRE LIEU DE TRAVAIL

Voici l'une des méthodes pour introduire la pleine conscience en entreprise : formuler des listes de contrôle, tâches, rapports et évaluations en se concentrant sur la nature des choses dans l'instant présent plutôt qu'en s'attachant à exécuter des paradigmes reprenant les expériences passées. « Comment cela a toujours été » crée l'inattention. La démarche encourage positivement une approche nouvelle et dans l'instant qui évite les erreurs et ouvre la porte à l'innovation. Pour vous souvenir d'agir ainsi, placez un cristal dans un endroit bien en vue, par exemple sur un bureau ou un rebord de fenêtre. Ainsi, en l'apercevant, vous vous souvenez d'exprimer les choses dans le présent plutôt que de reprendre une ancienne formule. Cela fonctionne aussi bien pour s'adresser à des collègues que pour rédiger des rapports ou instructions.

Un gros cristal partagé avec vos collègues vous rappellera à tous de rester dans l'instant, surtout si vous vous rassemblez autour de lui et le touchez d'un doigt une ou deux minutes pour favoriser cohésion et clarté de l'objectif.

Vous pouvez également porter un cristal sur vous et le manipuler pour obtenir un mental momentanément immobile où les idées créatives se déposent en douceur. Pour une remise en forme rapide pendant la pause déjeuner, prenez dix minutes, les yeux fermés, en fixant mentalement l'image d'un spécimen et en respirant doucement. Variante : planifiez une séance de méditation à l'heure du déjeuner pour vos collègues en utilisant les minéraux. La pratique de la pleine conscience en journée vous permet d'être concentré et attentif plutôt que stressé et hyper-vigilant ou, à l'autre bout du spectre, ennuyé et indifférent.

RÉFÉRENCES AUX CRISTAUX

La cornaline pour faciliter la prise de décisions (page 60), la sélénite pour ses vibrations pacifiques (page 70), la citrine pour le succès (page 74), le quartz lémurien « rêve tangerine » pour la créativité (page 90).

La citrine naturelle est utilisée depuis longtemps pour assurer le succès en affaires en plus de faciliter tolérance, créativité et ouverture d'esprit.

SECONDE PARTIE :
RÉPERTOIRE DES CRISTAUX DE PLEINE CONSCIENCE

SE RECENTRER

CRISTAL PHARE :
ŒIL DU CYCLONE (JASPE DE JUDY)

MOTS-CLÉS :
Centrage, calme, perspective.

La sérénité est centrée au sein de votre propre paix intérieure.

QUALITÉS

L'œil du cyclone est une pierre instillant calme dynamique et paix émotionnelle. Il désactive le mécanisme de « combat ou fuite » du corps (voir page 22), en vous déstressant et vous installant dans un endroit calme et serein. Agissant plutôt comme système de survie, il renferme l'énergie brute où vous pouvez puiser. Il vous empêche d'être obsédé par les détails, soulignant que les éléments sur lesquels vous focalisez votre mental sont ceux que vous verrez. Il rappelle que connaître la situation actuelle peut vous aider seulement à prendre une décision éclairée ; si votre choix est fondé sur les prévisions d'hier, le moment est révolu. Il offre un niveau de protection renforcé permettant de vous élever au-dessus de la « pression » (situation environnante), des « vents » (pensées), des « précipitations probables » (émotions), etc. Il vous indique les éléments à abandonner pour atteindre la sérénité. Avec son aide, vous pouvez prendre une décision, passer à l'action et cesser de vous inquiéter du résultat potentiel.

BIENFAITS DU CRISTAL ALLIÉS À LA PLEINE CONSCIENCE

L'œil du cyclone a une incroyable capacité à apporter le calme au milieu du chaos. Il crée un noyau central fort que rien ne peut ébranler. Vous avez l'impression de vous tenir dans l'œil immobile d'un ouragan. Le pandémonium peut tourbillonner autour de vous, mais vous évaluez objectivement les événements actuels et choisissez la façon d'y réagir le cas échéant.

RÉFLEXION CRISTALLINE

Se tenir dans l'œil du cyclone. Savourer la sérénité.

UTILISATION DU CRISTAL

Placez le cristal (ou cette photo) sur votre cœur pendant quelques instants. Inspirez lentement en vous disant : « Je respire le calme dans mon cœur. » Alors que vous expirez, dites-vous : « Le calme reste dans mon cœur et rayonne tout autour de moi. » Porter la pierre peut aider, mais poser simplement votre main sur votre cœur et dire ces mots tranquillement suffit pour rétablir le calme intérieur après avoir absorbé l'énergie cristalline.

VIVRE L'INSTANT PRÉSENT

CRISTAL PHARE :
CHAROÏTE

MOTS-CLÉS :
Transformation, guérison, acceptation.

C'est dans le présent que la joie renaît à chaque instant.

QUALITÉS

La charoïte libère les souvenirs douloureux et élimine les distractions. L'utiliser permet d'estomper stress et compulsions qui deviennent beaucoup plus discrets. Elle vous aide à reconnaître que les qualités « négatives » ont aussi des cadeaux à offrir. Parallèlement, elle facilite tranquillement la guérison physique et émotionnelle profonde. Elle contribue à surmonter les craintes résultant d'expériences passées. Elle intègre également instinct, intuition et intellect. Elle peut stimuler des visions pénétrantes de vies antérieures et suggérer des moyens de libérer le karma, individuellement et collectivement. Elle encourage la spiritualité pratique au quotidien, incorporant les changements vibratoires sans que vous ayez à *faire* quoi que ce soit ; il s'agit d'*être* transformé. Elle se saisit de votre soi spirituel nouvellement éclos et l'ancre dans l'éternité maintenant. Tout en dissolvant votre résistance, elle ouvre la voie pour transformer vos visions intérieures en réalité. Si vous n'avez jamais ressenti votre réelle appartenance à la Terre, cette pierre est pour vous.

BIENFAITS DU CRISTAL ALLIÉS À LA PLEINE CONSCIENCE

La charoïte vous aide à accepter l'instant présent comme parfait. Avec son soutien, vous pouvez vous détendre et lâcher prise. Elle vous appuie pour mettre les choses en perspective, accepter autrui et vous-même, tels qu'ils sont, plutôt que comme vous aimeriez qu'ils soient. Avec elle, aucune attente, exigence, critique. Vous *êtes* simplement, avec ce qui est, à savoir accepter inconditionnellement la vie.

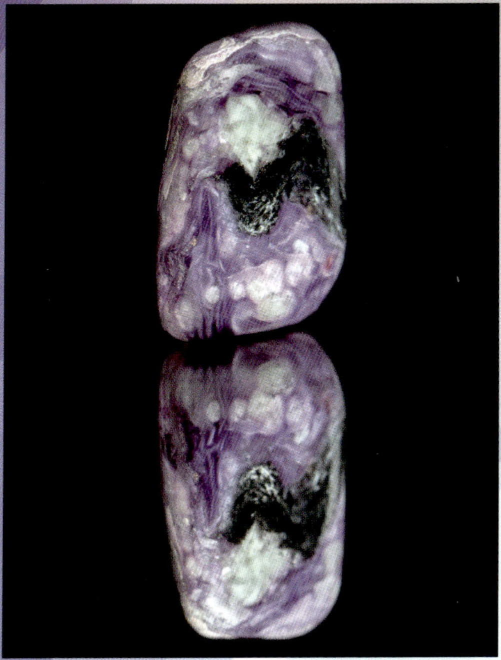

RÉFLEXION CRISTALLINE

Centaure galopant. Toutes les blessures sont guéries. Vivre dans l'éternel instant présent.

UTILISATION DU CRISTAL

Placez le cristal sur un miroir ou regardez la photo. Remarquez sans commentaire qu'il se réfléchit par en dessous. Concentrez votre attention sur une de ses caractéristiques principales : sur la photo, observez l'œil au centre du cristal. Laissez vos yeux se déplacer entre les deux – le minéral et son reflet – jusqu'à atteindre un point d'immobilité. Absorbez l'énergie cristalline curative. Restez dans l'instant présent.

BIEN DORMIR

CRISTAL PHARE :
JASPE SANGUIN

MOTS-CLÉS :
Santé, protection, sommeil réparateur.

Un sommeil réparateur facilite la pleine conscience.

QUALITÉS

Le jaspe sanguin est utilisé comme pierre curative depuis l'Antiquité. Puissant stimulateur d'immunité et protecteur d'énergie, c'est un excellent revitalisant, utile si vous êtes épuisé physiquement ou mentalement, rétablissant votre force intérieure. Traditionnellement censé avoir des pouvoirs magiques visant à chasser les ondes négatives de toutes sortes, il veille à ce que vous ne soyez pas victime d'influences extérieures. Efficace en cas d'intimidation ou d'autres menaces, il donne la force d'affronter les situations. Il vous aide à vous adapter sans crainte à des circonstances inhabituelles ou difficiles. Il insuffle du courage, mais plus important encore, enseigne l'importance du retrait stratégique et de la flexibilité. Il dissipe également la confusion et facilite le processus de prise de décision, surtout si vous êtes enclin à hésiter. Avec lui, l'intuition et la créativité sont aiguisées, les énergies spirituelles sont dirigées pour s'immerger dans des actions bénéfiques du quotidien. Il encourage altruisme et idéalisme.

BIENFAITS DU CRISTAL ALLIÉS À LA PLEINE CONSCIENCE

Le jaspe sanguin calme l'esprit. Il a un fort effet d'ancrage, vous maintenant en sécurité dans l'instant présent et votre corps. Sous sa douce influence, l'impatience, l'agressivité et l'irritabilité se dissipent. Il rappelle que le chaos précède souvent la transformation, aide à récupérer votre pouvoir personnel et votre estime de vous-même.

RÉFLEXION CRISTALLINE

S'endormir sans effort. Entrer dans le temps du rêve. Sourire.

UTILISATION DU CRISTAL

Placez un jaspe sanguin nettoyé dans un verre d'eau environ une heure avant le coucher. Au moment de vous coucher, buvez l'eau, puis placez le cristal sous votre oreiller pour faciliter un sommeil paisible et réparateur. Nettoyez la pierre (voir pages 19-20) avant réutilisation.

RESTER ANCRÉ

CRISTAL PHARE :
QUARTZ FUMÉ

MOTS-CLÉS :
Enracinement, ancrage, incarnation.

Vous pouvez réaliser vos rêves uniquement si vous gardez les pieds sur terre.

QUALITÉS

Le quartz fumé est l'un des plus beaux cristaux ancrants et l'un des détoxifiants les plus efficaces. Il absorbe et transmute les énergies négatives, garantissant le nettoyage énergétique de votre environnement et de votre corps. Si vous vous sentez grincheux ou déprimé, tenez un spécimen et la bonne humeur se réaffirmera rapidement. Si vous craignez l'échec, il aide à fixer des objectifs réalistes et réalisables, à transposer vos idées dans la réalité pratique. Si vous êtes en proie à des pensées négatives, il les libère. Le placer entre vous et la source des énergies géopathiques (terre toxique) ou de stress électromagnétique peut transformer votre expérience du quotidien. Superbe antidote au stress mental, il fortifie la résolution, contribue à tolérer les moments difficiles grâce à l'équanimité. Si votre incarnation actuelle vous pose un problème, il vous encourage en douceur à aimer votre corps physique et à faire l'expérience de vos sens.

BIENFAITS DU CRISTAL ALLIÉS À LA PLEINE CONSCIENCE

Être ancré est essentiel pour rester présent dans chaque instant. Le quartz fumé est l'ancre vous permettant d'intégrer les énergies spirituelles dans le quotidien et de vous libérer des pensées et émotions négatives. Il enseigne comment laisser derrière soi tout ce qui est devenu obsolète et comment vivre dans le présent plutôt que piégé dans le passé.

RÉFLEXION CRISTALLINE

Un arbre. Profondément enraciné. À l'unisson avec cette magnifique planète.

UTILISATION DU CRISTAL

Placez un quartz fumé (ou cette photo) à vos pieds. Visualisez deux racines poussant depuis la plante de vos pieds et se rejoignant au niveau du cristal. Les deux extrémités s'entremêlent pour former une base unique qui s'enfonce profondément dans le sol, traversant la roche solide et le magma ardent jusqu'à atteindre le noyau cristallin. Elles s'enroulent ensuite fermement autour du noyau et vous ancrent doucement dans l'incarnation. Vous pouvez y puiser de l'énergie si vous en avez besoin.

FAIRE TAIRE LE BAVARDAGE MENTAL

CRISTAL PHARE :
AURALITE 23

MOTS-CLÉS :
Quiétude, sérénité, silence.

Un mental serein est ouvert à la pleine conscience.

QUALITÉS

L'auralite 23 est composé de vingt-trois minéraux différents dans une base faite d'améthyste, de citrine et de quartz vert. Pierre extraordinairement complexe, elle vous conduit paradoxalement jusqu'à un moment de totale quiétude et simplicité. Apparue voici 1,2 milliard d'années, elle se forme alors qu'apparaissent pour la première fois sur la Terre des créatures multicellulaires. Ainsi, elle vous ramène au début. Elle peut être sollicitée pour insuffler confort et calme, notamment en cas de choc ou de détresse. Ses ondes énergétiques douces et apaisantes éliminent le stress et allègent vos fardeaux. Si vous avez besoin de réfléchir à un plan d'action, elle vous aide à appliquer les connaissances déjà acquises pour planifier, puis lâcher prise et arrêter de vous inquiéter. Elle est particulièrement efficace si vos pensées bouillonnent, vous empêchant de dormir.

BIENFAITS DU CRISTAL ALLIÉS À LA PLEINE CONSCIENCE

L'auralite 23 a la capacité de faire taire le bavardage mental incessant qui nous empoisonne souvent, nous emportant alors dans un havre de sérénité et calme. Elle donne la sensation d'arrêter le temps qui passe et qui nous pousse implacablement à avancer. Elle offre un espace pour respirer et se détendre, lâcher prise et apprécier la solitude intérieure.

RÉFLEXION CRISTALLINE

L'horloge s'arrête. Tout n'est qu'immobilité.

UTILISATION DU CRISTAL

Regardez le cristal (ou cette photo) en fixant légèrement le regard. Inspirez profondément. Sur l'expiration, suivez les lignes qui descendent en spirale du haut vers le bas, autorisez vos pensées à s'éloigner dans le reflet jusqu'à accéder à un moment de calme. Sinon, placez le spécimen au milieu du front lorsque vous méditez ou disposez une grille de trois cristaux autour de votre oreiller pour mieux dormir.

LAISSER LE PASSÉ DERRIÈRE SOI

CRISTAL PHARE :
TURQUOISE

MOTS-CLÉS :
Lâcher-prise, libération, liberté.

Se libérer du passé vous affranchit pour vivre pleinement l'instant présent.

QUALITÉS

Pierre de force et de purification, la turquoise est utilisée depuis l'Antiquité pour réconforter l'âme et guérir le corps. Elle préserve des influences extérieures nocives, est traditionnellement utilisée par les voyageurs pour se mettre à couvert et protège leurs biens en cours de route. Elle vous libère d'anciens vœux, inhibitions, interdictions, restrictions imposées par des figures d'autorité dépassées. Elle a des affinités avec le chakra de la gorge (voir page 35), améliorant la clarté dans les communications, notamment la créativité et l'expression personnelle, et aidant à résoudre les problèmes. Elle dissout l'autosabotage. Elle est très utile pour établir des plans de carrière, développer le leadership, et plus particulièrement pour parler en public, car elle calme les nerfs. Elle résonne également avec les yeux, facilitant une vue claire et une perception intérieure – l'intuition. Elle est excellente pour vaincre dépression et épuisement, et soulager les crises de panique.

BIENFAITS DU CRISTAL ALLIÉS À LA PLEINE CONSCIENCE

La turquoise stabilise les sautes d'humeur et crée le calme intérieur. Elle favorise la méditation. Avec son soutien, vous vivez dans le présent plutôt que dans le passé. Elle aide à surmonter une attitude de martyr, comme : « Pourquoi moi ? » En l'utilisant, vous reconnaissez que la création du destin est en cours, en fonction des actions menées à chaque instant. Les obligations et devoirs imposés s'effondrent, permettant à votre âme de s'exprimer spontanément à nouveau.

RÉFLEXION CRISTALLINE

Un ballon à la dérive. Les mains vides. Tout est parti.

UTILISATION DU CRISTAL

Dressez la liste de toutes vos erreurs passées. Incluez les « si seulement », les traumatismes, drames, schémas destructeurs, émotions toxiques. Une fois la liste terminée, enveloppez-la autour du cristal. Mettez celui-ci dans un sac en plastique rempli d'eau que vous scellez puis placez dans votre congélateur. La prochaine fois que vous viderez ce dernier, jetez le sac, la glace et le papier. Nettoyez votre spécimen avant de le réutiliser (voir pages 19-20).

RÉÉCRIRE SON HISTOIRE

CRISTAL PHARE :
AMÉTHYSTE DE BRANDENBERG
MOTS-CLÉS :
Perfection, reprogrammation, polyvalence.

Si vous faites ce que vous avez toujours fait, vous obtiendrez ce que vous avez toujours eu. Redémarrez.

QUALITÉS

L'améthyste de Brandenberg contient l'énergie de l'améthyste, des quartz clair et fumé dans un ensemble polyvalent qui se relie sur le plan de votre âme dans cette vie. Pierre d'alchimie spirituelle et de profonde compassion, elle vous connecte avec l'immensité de votre soi spirituel et l'énergie de la Source. Elle vous aide à gravir l'échelle vibratoire vers une conscience supérieure tout en vous maintenant ancré à la terre. Cela stabilise votre être essentiel, peu importe les changements survenus. La pierre crée des combinaisons d'ondes cérébrales, renforce méditation, régression (dans une vie antérieure ou les premiers stades de l'existence actuelle) et guérison. Elle agit comme gardienne contre les attaques psychiques d'autres personnes et les énergies hostiles d'êtres non terrestres. Elle guérit les traumatismes et accède aux conseils de la Source. La guérison, souvent instantanée et profonde, s'infiltre dans vos corps physique et subtil, rétablissant l'équilibre à tous les niveaux.

BIENFAITS DU CRISTAL ALLIÉS À LA PLEINE CONSCIENCE

L'améthyste de Brandenberg est la pierre parfaite pour la guérison de votre âme et le travail de pardon, si essentiel dans la pleine conscience. Elle renferme le plan énergétique idéal d'avant la nuit des temps : la tenir vous transporte dans une perfection intemporelle. Vous vous savez irréprochable tel quel, à chaque instant. Il n'y a rien à faire, rien à être. Vous êtes tout simplement.

RÉFLEXION CRISTALLINE

Se tenir au sein de la pure perfection. Renaissance. Recréation.

UTILISATION DU CRISTAL

Plongez votre regard dans une améthyste de Brandenberg (ou cette photo), les yeux mi-clos. Sentez son énergie grandir jusqu'à vous envelopper totalement. Elle élimine tous vos schémas de préconditionnement et dépassés, vous conduit dans un havre de perfection. Restez calme. Ressentez le nouveau schéma circuler dans les espaces entre vos cellules et les couches énergétiques de votre aura.

TROUVER LA STABILITÉ

CRISTAL PHARE :
AGATE

MOTS-CLÉS :
Stabilité, persévérance, sécurité.

Un mental et un champ d'énergie stables soutiennent la pleine conscience.

QUALITÉS

L'agate est formée de microscopiques cristaux disposés en bandes, lui procurant stabilité et force. Ses strates multiples peuvent mettre en évidence des informations cachées dans la lumière de la conscience, vous permettant de libérer les causes psychosomatiques d'un malaise physique, mental ou émotionnel susceptible d'interférer avec votre bien-être. Cette pierre guérit colère refoulée, amertume et traumatisme émotionnel, vous donnant le courage de recommencer si nécessaire. Elle a tendance à agir lentement, mais inexorablement. Rien ne l'ébranle, même pas vous, si vous travaillez avec elle. Elle harmonise le yin et le yang, forces équilibrantes qui maintiennent l'univers en place. Elle aide à vous accepter – aucun regret, aucune autocritique, aucune régurgitation du passé. Elle facilite l'autoanalyse constructive, si besoin, et vous encourage à exprimer votre vérité. Elle favorise le non-jugement, vous aidant à accepter les choses telles qu'elles sont. Elle peut améliorer votre concentration et vos capacités de perception, aiguisant fortement votre attention.

BIENFAITS DU CRISTAL ALLIÉS À LA PLEINE CONSCIENCE

L'agate aligne mental, corps, esprit et psychisme, vous permettant d'être centré et calme. Elle crée un sentiment de sécurité inébranlable, dissolvant les tensions internes et stabilisant l'aura. En encourageant la contemplation sereine mais concentrée et l'assimilation tranquille des expériences, elle élève votre conscience pour vous faire prendre conscience de l'unité – et de l'immensité – de l'existence.

RÉFLEXION CRISTALLINE

Soutien, sécurité. Le monde tourne sur son axe. La gravité tient bon.

UTILISATION DU CRISTAL

Gardez une pierre roulée d'agate dans votre poche. Lorsque vous vous sentez incertain, désorienté ou déséquilibré de quelque façon que ce soit, frottez-la doucement entre votre pouce et votre index tout en suivant les bandes circulaires sur la surface. Vous pouvez aussi la porter en pendentif pour maintenir la stabilité de votre champ d'énergie à tout moment.

PRENDRE DES DÉCISIONS CLAIRES

CRISTAL PHARE :
CORNALINE

MOTS-CLÉS :
Dynamique, décisif, passionné.

Les décisions sont plus claires dans un état de pleine conscience.

QUALITÉS

Très énergétique, la cornaline vous soutiendra si vous avez besoin de motivation et de résolution. Dénommée « pierre de l'acteur », elle vous aide à vous sentir confiant et à oublier les soucis. Elle dissipe apathie et conditionnement négatif, favorise le rétablissement de votre vitalité et stimule votre créativité. Elle vous encourage à être inébranlable dans vos efforts et à avoir confiance en vos perceptions, facilite vos choix de vie positifs. Sous sa forme rose douce, elle est excellente pour surmonter les abus de toutes sortes. Elle bannit les états émotionnels toxiques et dissout l'amertume. Elle est longtemps portée en amulette pour lutte contre la rage, le ressentiment ou l'envie. Elle est aussi utile si vous êtes paralysé par la peur de la mort. Dans l'Antiquité, elle protégeait les morts dans leur voyage vers l'au-delà et permettait de reconnaître qu'une telle transition n'était qu'un simple changement d'état. Portez-la si vous voulez aimer chaque instant de la vie.

BIENFAITS DU CRISTAL ALLIÉS À LA PLEINE CONSCIENCE

La cornaline soutient votre stabilité à chaque instant dans la réalité présente, transmettant une acceptation silencieuse des cycles de la vie. Tout en éliminant des pensées étrangères pendant la méditation, elle s'accorde aussi avec les rêveries habituelles dans le quotidien, encourageant l'action décisive.

RÉFLEXION CRISTALLINE

L'esprit de décision s'installe. Agissez. Avancez. Flèche pointant vers l'avant.

UTILISATION DU CRISTAL

Si vous réfléchissez devant une décision difficile à prendre, dressez une liste des avantages et des inconvénients de chaque résultat possible. Avant de vous endormir, glissez-la sous le cristal (ou cette photo) et oubliez-la. À votre réveil le lendemain matin, vous aurez pris votre décision.

COMPRENDRE SA VRAIE NATURE

CRISTAL PHARE :
QUARTZ ESPRIT

MOTS-CLÉS :
Profondeur, étendue, unité.

Reconnaître être un esprit éternel vous berce dans le présent.

QUALITÉS

Véhiculant la vibration de l'amour universel, le quartz esprit offre une guérison multidimensionnelle et réorganise votre mémoire cellulaire. Il assure une désintoxication psychologique, mentale et émotionnelle douce, mais efficace. Il purifie et aligne le système de chakras (voir pages 33-35) avec les corps d'énergie subtile, activant le corps de lumière (corps subtil de l'âme), élevant le niveau vibratoire de tout votre être. Grâce à lui, vous vous reconnaissez comme partie du tout et porteur de la conscience unitaire. Il est utile pour recadrer le passé et faciliter les rêves visionnaires. Il identifie les liens karmiques importants, mettant en évidence la justice de même nature ou le bénéfice des relations difficiles. Il permet de surmonter le conditionnement passé et guérir le plan karmique (empreinte de la mémoire de l'âme subtile transposée d'une vie à l'autre). Si le pardon est nécessaire, il le favorise. Comme il est orienté vers le groupe, il est particulièrement utile pour harmoniser les relations et synthétiser les efforts collectifs.

BIENFAITS DU CRISTAL ALLIÉS À LA PLEINE CONSCIENCE

Le quartz esprit facilite les changements dans le cerveau propices à améliorer la méditation, stimulant une conscience accrue, voire une perception psychique. Il dissout les schémas internes ou externes de discorde ou de comportements obsessionnels interférant avec votre pleine conscience, et instille l'acceptation patiente du déroulement de l'existence.

RÉFLEXION CRISTALLINE

L'unité dans la diversité. Tout ne fait qu'un.

UTILISATION DU CRISTAL

Regardez attentivement votre cristal (ou cette photo). Remarquez tous les minuscules spécimens entourant les plus grands. Prenez conscience que les minéraux s'agglomèrent autour d'un noyau central qui les maintient ensemble. Ressentez ce cœur en votre for intérieur, puis soyez attentif aux différentes facettes rayonnant à partir de celui-ci, exprimant votre intégrité.

SE DÉFAIRE DES ADDICTIONS

CRISTAL PHARE :
AMÉTHYSTE

MOTS-CLÉS :
Indépendance, autonomie, liberté.

Les addictions interfèrent avec la pleine conscience. Cette dernière les libère.

QUALITÉS

L'améthyste possède de puissants pouvoirs de guérison et de purification qui, alliés à sa capacité de renforcer la conscience, en font historiquement l'une des pierres les plus spirituelles. Elle est très protectrice, transmutant l'attaque psychique en énergie aimante. Tranquillisant naturel, elle équilibre les hauts et les bas émotionnels, est utile en cas de dépression et de troubles bipolaires. Elle sert à surmonter les addictions depuis des millénaires. On croyait que créer des gobelets et porter des amulettes de cette pierre empêchait son utilisateur de s'enivrer. Elle exerce une influence dissuasive sur les passions physiques incontrôlées, prévient une tendance au nombrilisme. Elle facilite la prise de décisions, combinant le bon sens avec des perspectives spirituelles. Elle contribue à transmettre des signaux neuronaux *via* le cerveau et fortifie la mémoire. Elle permet aux insomniaques de retrouver un sommeil paisible. C'est particulièrement vrai si un mental hyperactif est la cause du trouble. Elle protège des cauchemars et aide à vous souvenir de rêves visionnaires. Elle facilite la visualisation.

BIENFAITS DU CRISTAL ALLIÉS À LA PLEINE CONSCIENCE

L'améthyste éloigne vos pensées des considérations terrestres pour se fondre dans la sérénité. Elle vous ouvre vers d'autres réalités. Tout en calmant ou stimulant le mental selon les cas, elle aide à vous sentir moins dispersé et plus concentré. Elle facilite l'assimilation de nouvelles idées et vous permet d'établir un lien de cause à effet.

RÉFLEXION CRISTALLINE

Libération, liberté, élimination de l'asservissement, élévation.

UTILISATION DU CRISTAL

Lorsque vous prenez conscience d'une envie ou d'un désir irrésistible, tenez fermement votre améthyste dans la main. Regardez attentivement son extrémité. Souriez. Serrez le cristal, puis relâchez votre emprise. Ce faisant, répétez-vous : « Je choisis de lâcher prise, je lâche prise, je lâche prise. Je brise le cycle. Je choisis la liberté. » Souriez à nouveau.

SE CALMER

CRISTAL PHARE :
AGATE BLUE LACE

MOTS-CLÉS :
Sang-froid, communication, tranquillité.

Être calme facilite la gestion habile de situations difficiles.

QUALITÉS

Gemme nourrissante, l'agate blue lace distille une merveilleuse énergie rafraîchissante et calmante qui crée instantanément la paix de l'esprit. Traditionnellement, elle est utilisée pour améliorer la communication en favorisant l'expression de vos pensées et de vos sentiments. Elle est particulièrement efficace si vous vous tenez à l'écart parce que vous craignez d'être jugé et rejeté, sentiments souvent inculqués dans l'enfance. Inversement, si vous n'arrêtez pas de parler ou avez tendance à vous exprimer avant de réfléchir, cette pierre compatissante aide à considérer l'effet de vos paroles sur les autres et à parler calmement dans l'instant, plutôt que de déblatérer sans réfléchir. Elle est particulièrement utile pour les hommes qui ont des difficultés à accepter et à manifester leur sensibilité, risquant de projeter un faux machisme comme moyen de surmonter un manque de confiance en soi.

BIENFAITS DU CRISTAL ALLIÉS À LA PLEINE CONSCIENCE

Si vous refoulez vos émotions, vous n'entrez jamais complètement dans la pleine conscience. Par conséquent, portez l'agate blue lace sur la gorge pour libérer vos paroles. Elle vous emmène au cœur du silence intérieur dynamique grâce à sa forte connexion spirituelle. Elle vous aide à prendre conscience que vous êtes aimé et soutenu quelle que soit la situation rencontrée. Ses énergies pacifiques neutralisent tout sentiment de colère ou d'anxiété, contrecarrent le stress mental.

RÉFLEXION CRISTALLINE

Respirer, toujours respirer. Le calme s'ensuit.

UTILISATION DU CRISTAL

Placez votre agate blue lace (ou cette photo) sur votre gorge. Tout en comptant lentement jusqu'à quatre, inspirez et soyez conscient de la circulation du souffle à travers la pierre, descendant dans vos poumons au fur et à mesure que votre ventre se dilate. Retenez votre respiration et comptez jusqu'à cinq. Expirez lentement, en comptant doucement jusqu'à six. Attendez avant d'éprouver le besoin d'inspirer de nouveau et répéter. Continuez jusqu'à vous sentir en paix.

DÉSACTIVER LE PILOTE AUTOMATIQUE

CRISTAL PHARE :
MALACHITE

MOTS-CLÉS :
Intrépidité, témérité, autonomie.

Désactivez votre pilote automatique. Réveillez-vous !

QUALITÉS

La malachite est une pierre puissante de transformation profonde. La vie est vécue plus intensément sous son influence. Si vous avez enfoui des pensées ou des sentiments toxiques, elle les fait remonter à la surface, libérant la colère ancienne et les causes psychosomatiques du malaise. Elle brise les vieux liens, fait disparaître les inhibitions et élimine les schémas obsolètes, vous libérant pour exprimer votre soi authentique. L'expérience peut être temporairement traumatisante, mais finalement thérapeutique, car vous ne replongez plus dans les drames du passé. La gemme vous enseigne à être responsable de vos actions, pensées et sentiments. Elle vous aide à faire preuve d'empathie envers les autres et vous rend moins critique, vous permettant de connaître la sensation d'être à leur place.

BIENFAITS DU CRISTAL ALLIÉS À LA PLEINE CONSCIENCE

Voyager à travers les schémas alambiqués de la malachite libère votre mental et vos émotions pour vous aider à rester concentré sur le présent. La pierre vous aide à rester en contact avec une sensation, respirant doucement pendant que vous en faites l'expérience pour ensuite passer à autre chose. Tenez-la dans votre main ou gardez-la dans votre poche pour vous souvenir d'accompagner le processus et ne pas vous en éloigner. Finalement, elle enseigne qu'un sentiment n'est rien d'autre qu'un sentiment. Ni bon ni mauvais. Et celui-ci passera aussi.

RÉFLEXION CRISTALLINE

La route la moins fréquentée. Aller sans crainte là où les autres craignent de s'aventurer.

UTILISATION DU CRISTAL

Regardez les veinages de votre malachite (ou cette photo). Sachez qu'ils représentent les schémas enracinés qui régissent votre vie, tournant sans cesse en rond. Reconnaissez les domaines où vous avez été très longtemps en mode pilote automatique. Soudain, bougez les yeux en changeant le point focal vers le bord du cristal. Descendez de la roue du hamster pour entrer au cœur de l'instant présent.

PRATIQUER LA MÉDITATION

CRISTAL PHARE :
SÉLÉNITE

MOTS-CLÉS :
Clarté, paix, lumière divine.

L'immobilité est la base d'une vie tranquille.

QUALITÉS

La sélénite, d'un éclat éthéré, est utilisée pour créer un espace sacré sécuritaire depuis des millénaires. C'est néanmoins l'un des cristaux les plus puissants pour ancrer une vibration plus élevée sur la terre. Délicate, elle ouvre les chakras couronne et couronne supérieure (voir page 35), permettant d'accéder à la conscience angélique et multidimensionnelle. Elle enracine le corps de lumière (corps subtil de l'âme) dans la réalité quotidienne. On y recourt pour entourer son domicile d'une grille de protection, créant ainsi un espace sacré sécurisé et une atmosphère paisible. Elle empêche toute influence extérieure sur le mental et stabilise vos émotions. En dissipant la confusion, elle facilite la vue d'ensemble d'une situation. Elle favorise une compréhension consciente de ce qui se produit au niveau du subconscient. Cette pierre douce accède à l'actuel plan de vie établi par l'âme avant de s'incarner. En identifiant les leçons et les problèmes toujours en cours d'examen, elle montre la meilleure façon de les résoudre ou de les libérer.

BIENFAITS DU CRISTAL ALLIÉS À LA PLEINE CONSCIENCE

Grâce à ses vibrations ultrafines et ultra-élevées, la sélénite confère une clarté totale et apporte la tranquillité d'esprit. Comme elle incarne la lumière divine cristallisée, elle habite l'espace entre matière et conscience. La tenir inculque un sentiment de connexion totale et de paix infinie. Elle est parfaite pour induire une méditation profonde ou une pleine conscience instantanée.

RÉFLEXION CRISTALLINE

Plongée dans le calme. Tout est lumière.

UTILISATION DU CRISTAL

Tenez votre sélénite dans les mains. Placez-la sur votre chakra du troisième œil (voir page 35), puis posez les paumes sur les genoux. Avec les yeux doucement focalisés, plongez votre regard dans le cristal. Sentez-vous entouré de sa vibration blanche et pure. Une fois prêt, fermez les yeux. La photo reste avec vous. Regardez-la dans votre œil mental aussi longtemps que vous vous sentez bien, en augmentant progressivement le temps consacré à cet exercice.

GAGNER EN CLARTÉ D'ESPRIT

CRISTAL PHARE :
ANANDALITE™ (QUARTZ AURORA)

MOTS-CLÉS :
Intégrité, lucidité, cohérence.

Grâce à la clarté d'esprit, vous savez comment être, simplement.

QUALITÉS

L'anandalite™ est un excellent nettoyant énergétique et cristal de guérison. Dotée de vibrations extrêmement élevées, elle amplifie la conscience dans le cosmos et au-delà. Méditer en sa compagnie permet de percevoir l'étroitesse de la bande de « réalité » que vous occupiez auparavant. Déplacée du chakra racine (voir page 34) au dessus de la tête, puis le long du dos vers le sol, et sur l'avant du corps, elle purifie et réaligne les chakras et l'aura, vous dépouillant jusqu'au fond de l'âme et vous procurant un réconfort vibrationnel. La disharmonie, quand vos corps subtil et énergétique échouent à intégrer une conscience supérieure, est à l'origine d'un malaise spirituel ou physique. La gemme déconstruit ces structures énergétiques nuisibles. Elle reconstruit vos schémas vibratoires, facilitant le processus d'intégration, libérant tous les blocages émotionnels sur votre chemin vers l'éveil spirituel et autorisant un changement pour intégrer l'illumination ici sur Terre.

BIENFAITS DU CRISTAL ALLIÉS À LA PLEINE CONSCIENCE

L'anandalite™ vous transporte dans un champ quantique présent partout et nulle part à la fois. En sa compagnie, la conscience est omniprésente et omnisciente. Vous voyez tout, savez tout, créez tout. En vous immergeant dans l'univers holographique, la conscience multidimensionnelle et l'interconnectivité mystique, synonymes de « Béatitude », « Conscience de l'Unité », « Esprit » et « Source », le cristal éblouit littéralement votre mental.

RÉFLEXION CRISTALLINE

Je suis la lumière. Je suis la lumière éclatante. Je suis.

UTILISATION DU CRISTAL

Assis confortablement, tenez le cristal (ou cette photo) dans la main. Penchez-vous jusqu'à toucher le sol devant vous. Soulevez lentement la pierre du sol jusqu'au-dessus de la tête. Fermez les yeux et laissez sa lumière rayonner dans votre direction. Soyez conscient de cette dernière. Sentez-vous vous élever jusqu'à une vibration supérieure. Reconnaissez-vous en tant qu'Esprit et comprenez que vous pouvez voir au-delà des confins du monde physique.

ACCEPTER SANS JUGER

CRISTAL PHARE :
CITRINE

MOTS-CLÉS :
Tolérance, ouverture d'esprit, acceptation.

Vous ne pouvez pas contrôler le mode d'action des autres. Vous pouvez choisir comment y réagir.

QUALITÉS

Puissant purificateur et régénérateur d'énergie, la citrine réchauffe et revigore. Cette pierre vibrante absorbe et transmute l'énergie négative en énergie positive, soulageant morosité et dépression. Elle nettoie et équilibre les chakras (voir pages 33-35) et les corps subtils, les alignant avec le corps physique pour assurer votre bien-être. Dynamique, elle aide à être confiant, à accepter soi-même et les autres tels qu'ils sont. Elle fortifie votre individualité, favorisant l'expression de votre vraie personnalité. Génératrice d'abondance, elle vous aide à concrétiser plutôt qu'à rêver. Elle encourage la générosité, le partage des biens, l'élargissement du cercle de manifestation. Elle vous rend moins sensible à la critique générale, mais incite à agir en vous fondant sur des remarques constructives. Elle est utile si vous êtes sensible aux influences environnementales et extérieures diverses.

BIENFAITS DU CRISTAL ALLIÉS À LA PLEINE CONSCIENCE

La citrine est bénéfique si la discorde dans une famille ou groupe vous empêche d'être pleinement conscient. Elle restaure l'harmonie et vous encourage à trouver la meilleure solution possible aux défis. En vous aidant à accueillir de nouvelles expériences, elle vous permet d'orienter les situations dans une direction positive sans vous montrer obsessionnel ou critique. Elle est parfaite pour se laisser porter par le courant, car elle soutient la faculté de rester optimiste et ouvert quoi qu'il arrive.

RÉFLEXION CRISTALLINE

Accepter ce qui est. Aimer les êtres tels qu'ils sont. Embrasser toutes choses.

UTILISATION DU CRISTAL

Plongez votre regard dans votre cristal (ou cette photo) et dites à voix haute : « Juste pour cet instant, je vis dans cet instant. Dans cet instant, je suis heureux. J'accepte ma vie exactement telle qu'elle est. J'embrasse ce qu'elle est, libéré de tout désir. Je prends la vie comme elle vient. Je ne juge rien ni personne, notamment moi-même. Je ne fais qu'un avec ce qui est. »

GARDER L'ESPOIR

CRISTAL PHARE :
AIGUE-MARINE

MOTS-CLÉS :
Optimisme, espoir, dynamisme.

Quand le monde dit « abandonnez », l'espoir murmure « essayez une fois encore ».

QUALITÉS

L'aigue-marine est une pierre d'espoir et de courage. Elle vous rappelle qu'aucun niveau d'obscurité ne peut cacher une étincelle de lumière. Profondément calmante, elle réduit le stress et apaise l'esprit. Elle vous aide à considérer les problèmes émotionnels dans une perspective instructive et sereine, vous élevant pour échapper à la peur. Elle est utile pour briser les schémas autodestructeurs et mener à bien les affaires en cours. Elle a une affinité particulière avec les êtres sensibles et ceux submergés par les responsabilités. Réciproquement, elle vous aide à devenir responsable de vous-même et de vos décisions. Elle vous permet d'aller de l'avant en ayant confiance à chaque instant. Pierre empêchant de porter des jugements catégoriques, elle favorise la tolérance envers autrui. Elle filtre les informations atteignant le cerveau et clarifie votre perception, aiguisant vos intellect et intuition. En la gardant à portée de main, vous êtes prêt à affronter toute situation.

BIENFAITS DU CRISTAL ALLIÉS À LA PLEINE CONSCIENCE

L'aigue-marine vous aligne avec le flux de la vie. Elle calme un esprit hyperactif tout en éliminant les pensées étrangères, invoque un état de conscience très focalisée pendant la méditation. Elle vous aide à reconnaître l'importance de faire une pause, de communier avec votre tranquillité intérieure et votre être suprême.

RÉFLEXION CRISTALLINE

L'espoir s'épanouit. Tout va bien. Et tout ira bien.

UTILISATION DU CRISTAL

Portez un bracelet de fragments d'aigue-marine ou gardez une pierre roulée dans votre poche. Lorsque vous vous sentez anxieux au sujet de l'avenir, faites glisser le bijou entre vos doigts ou touchez la pierre roulée. Dites-vous : « Je vis dans l'espoir. L'espoir jaillit éternellement. Il réside dans mon cœur. » Posez les spécimens, ou simplement votre main, sur cette zone pour vous en souvenir.

CRÉER UNE INTERFACE PROTECTRICE

CRISTAL PHARE :
LABRADORITE

MOTS-CLÉS :
Lucidité, empathie, illumination.

Rencontrer le monde à travers une interface permet de maintenir votre énergie en toute sécurité.

QUALITÉS

Pierre profondément spirituelle et mystique, la labradorite calme un esprit hyperactif et encourage un regard neuf. Favorisant contemplation et introspection, elle équilibre analyse et rationalité grâce à une vision intérieure. Merveilleuse compagne lorsque vous traversez une période de changement, elle bannit les peurs et l'insécurité, dissipe les illusions. En allant au cœur d'une affaire, elle met en évidence la vraie motivation masquée par les pensées et les actions. Elle libère les souvenirs refoulés susceptibles de vous influencer. Elle confère force et persévérance tout en vous encourageant à rester dans le présent sans vous projeter dans l'avenir. Elle crée une interface énergétique entre vous et le reste du monde. En d'autres termes, elle vous permet d'être empathique et conscient sans être submergé par ce que vous voyez ou vidé énergétiquement. Elle s'assure aussi que des personnes ou situations extérieures n'épuisent votre énergie de base. Vous restez centré et protégé au sein de votre propre soi.

BIENFAITS DU CRISTAL ALLIÉS À LA PLEINE CONSCIENCE

La labradorite bannit les peurs et l'insécurité empêchant la pleine conscience. Elle élimine les débris psychiques des déceptions antérieures et supprime les projections d'autrui ou de vous-même, vous libérant. Cette belle pierre fortifie votre foi en vous-même et vous encourage à faire confiance à l'univers.

RÉFLEXION CRISTALLINE

Se tenir près de l'interface. Observateur serein, qui voit tout et sait tout.

UTILISATION DU CRISTAL

Placez la labradorite juste sous votre gorge. Quand vous la portez, sachez que l'énergie cristalline s'étend jusqu'au bord de votre aura, qui se cristallise. Une interface est créée à travers laquelle vous pouvez observer et participer au monde sans être submergé par celui-ci.

SE SOUVENIR EN TOUTE SÉRÉNITÉ

CRISTAL PHARE :
QUARTZ ROSE

MOTS-CLÉS :
Harmonie, souvenirs, pardon.

Rappeler le passé en toute sérénité libère la douleur intériorisée et souligne les bienfaits du calme.

QUALITÉS

Pour votre propre sérénité et votre bien-être, peut-être devez-vous vous tourner vers le passé, l'accepter tel qu'il était, et tourner la page. Le quartz rose est votre compagnon de voyage idéal. Non seulement il dissout les traumatismes, mais il vous aide aussi à considérer les joies et cadeaux présents dans vos expériences, libérant les regrets, désirs et « si seulement ». Incarnation de l'amour inconditionnel et de la paix infinie, il ouvre votre cœur, offre une paix profonde *via* l'acceptation bienveillante et la compassion. Cristal suprême du pardon, il enseigne la véritable essence de l'amour. Il souligne la nécessité de vous aimer d'abord avant de pouvoir aimer autrui. Il vous redonne confiance en vous : vous vivez en harmonie avec le monde, savourant à nouveau chaque instant. Il rappelle que l'amour-propre inconditionnel n'est pas égoïste, mais synonyme d'autosuffisance et d'autoaffirmation. Sans cet amour de soi, la pleine conscience ainsi que l'acception de l'affection émanant des autres sont impossibles.

BIENFAITS DU CRISTAL ALLIÉS À LA PLEINE CONSCIENCE

Le quartz rose élimine les pensées et les émotions négatives, les remplace par l'amour inconditionnel. Il aide à accepter les changements nécessaires. Si vous regardez en arrière avec nostalgie ou avec horreur vers le passé, il vous libère doucement, vous apprenant à aimer et à vivre l'instant présent.

RÉFLEXION CRISTALLINE

Cœur accueillant. Abandon. Aimer inconditionnellement, de tout son cœur.

UTILISATION DU CRISTAL

Tenez le quartz rose (ou cette photo) sur votre chakra du plexus solaire (voir page 35) et ressentez l'amour qu'il irradie. Respirez doucement. Renvoyez votre mental vers un souvenir, bon ou mauvais, qui perturbe votre équilibre. Souvenez-vous-en pleinement. Ressentez-le profondément. Respirez. Attendez patiemment de redevenir serein ; ne forcez rien. Souriez et… respirez.

ÉVACUER SA COLÈRE

CRISTAL PHARE :
RHODOCHROSITE

MOTS-CLÉS :
Gentillesse, assurance, affirmation.

Prendre vos distances tout en douceur vous aide à affronter des émotions destructrices.

QUALITÉS

La rhodochrosite enseigne que réprimer des émotions fortes les exacerbe, car elles sous-tendront toutes vos actions et finiront par émerger plus puissantes que jamais. Ce n'est qu'en les libérant que vous pourrez être libre. C'est particulièrement vrai pour la colère, que le cristal vous aide à transformer en affirmation dynamique et en mesure appropriée. Mais c'est également le cas pour les tendances destructrices. La pierre vous offre d'aimer sans réserve, soutenant les êtres altruistes, l'acceptation inconditionnelle appuyant les relations constructives. Si vous avez cédé votre pouvoir à quelqu'un d'autre, elle vous aide à le récupérer. Elle a pour réputation d'attirer l'âme sœur, mais il peut s'agir d'une personne facilitant l'apprentissage de leçons difficiles plutôt que d'un partenaire romantique. Elle identifie les schémas récurrents et montre le dessein sous-jacent aux expériences. Avec son aide, vous assimilez des enseignements, remerciez votre âme sœur ou votre professeur spirituel et passez à autre chose.

BIENFAITS DU CRISTAL ALLIÉS À LA PLEINE CONSCIENCE

La rhodochrosite aide votre cœur à assimiler les sensations douloureuses sans se fermer. Elle élimine le déni et vous encourage à reconnaître ces sentiments, à les considérer de leur apparition jusqu'à leur dissipation, puis à lâcher prise. Elle encourage le plaisir passionné de la vie et l'expression spontanée de votre nature.

RÉFLEXION CRISTALLINE

Calme, assurance. Se tenir droit dans le soi « empli de pouvoir. »

UTILISATION DU CRISTAL

Tout en tenant votre rhodochrosite (ou cette photo) entre votre pouce et index, dites à haute voix : « Je suis en colère parce que [insérer votre raison]. » Inspirez. Expirez tout en autorisant lentement la colère à s'écouler dans le cristal. Posez celui-ci. Joignez le pouce et l'index. Respirez. Retournez-vous. Éloignez-vous lentement. Tournez-vous pour regarder le spécimen. Souriez. Respirez. Ensuite, purifiez le minéral (purifiez une photographie en posant un quartz fumé dessus).

TROUVER DES FAÇONS DE PARDONNER

CRISTAL PHARE :
CHRYSOCOLLE

MOTS-CLÉS :
Absolution, compassion, grâce.

Le pardon est essentiel si vous voulez vivre chaque instant plutôt que de rester bloqué dans le passé.

QUALITÉS

Cette pierre réconfortante crée l'équilibre intérieur, favorise la prise de conscience des choses pouvant vous déséquilibrer. Elle extirpe les émotions négatives, comme la culpabilité, et dissout la programmation émotionnelle destructrice, la remplaçant par la joie. Placée sur votre chakra du cœur (voir page 34), elle guérit les maux de tête et augmente votre capacité d'aimer et de pardonner. Sur votre chakra de la gorge (voir page 35), elle facilite la communication, permet d'exprimer votre vérité, mais enseigne aussi l'importance de garder le silence si nécessaire. Elle libère la tension mentale et encourage le calme. Porter un spécimen doux renforce votre pouvoir personnel, inspire créativité et motivation. Elle stabilise les relations et apporte la tranquillité dans le foyer. Elle vous aide à tolérer le comportement d'autrui sans l'activer ou vous entraîner dans des drames. Placez-en un gros morceau près de la porte d'entrée pour assurer l'harmonie.

BIENFAITS DU CRISTAL ALLIÉS À LA PLEINE CONSCIENCE

La chrysocolle encourage conscience de soi et équilibre intérieur. Elle est extrêmement utile pour accepter sereinement des situations changeantes et incontrôlables. Tout en vous aidant à rester concentré sur l'instant présent, elle invoque la force intérieure d'être simplement avec ce qui est. Elle facilite pardon et oubli, libère votre mental.

RÉFLEXION CRISTALLINE

Compassion envers tous les êtres. Grâce envers toutes choses. Pardon.

UTILISATION DU CRISTAL

Placez le cristal (ou cette photo) sur votre chakra du cœur quelques instants. Inspirez l'énergie profondément. Rappelez-vous d'une personne à pardonner ou dont vous souhaitez recevoir le pardon. Dites à voix haute trois fois : « Je suis désolé, je vous aime, veuillez me pardonner. » Prononcez ces mots, que vous souhaitiez donner ou recevoir le pardon, notamment s'il vous est difficile d'aimer ; demandez son aide au minéral.

ROMPRE LES ENTRAVES

CRISTAL PHARE :
SILEX

MOTS-CLÉS :
Indépendance, autonomie, sécurité.

Les liens qui vous attachent vous retiennent. Détachez-les pour vous libérer.

QUALITÉS

Le silex présente un aspect poli incroyable, se transformant d'une pierre insignifiante en véritable beauté. Méconnu dans le monde moderne, il était indispensable pour nos ancêtres, qui en appréciaient ses bords marqués et tranchants. Il affûte l'âme, éliminant toute partie usée et obsolète. Il tranche les blocages et les liens psychologiques qui vous retiennent fermement, déconnectant les cordes à travers lesquelles les autres puisent dans votre énergie. Stabilisateur et purificateur, il cautérise les blessures karmiques, supprimant les résidus toxiques. Il renforce vos frontières sans jamais vous couper de l'amour inconditionnel. Puissant et protecteur, il repousse les souhaits malveillants à votre encontre. Grâce à son action stabilisante, il apporte une intégrité structurelle au corps et ancre votre âme pendant les voyages chamaniques. Il renforce solidement votre for intérieur, permettant d'affronter les changements.

BIENFAITS DU CRISTAL ALLIÉS À LA PLEINE CONSCIENCE

Le silex vous libère des liens du passé. Les regrets s'estompent. Les « erreurs » sont reconnues comme des expériences éducatives sur le chemin de l'âme, mais sur lesquelles on ne s'attarde pas. La pierre vous stabilise et facilite votre présence dans chaque instant. Ultime polisseuse de l'âme, elle est parfaite dans le cadre de transitions et rites de passage d'une phase de l'existence à l'autre.

RÉFLEXION CRISTALLINE

Couteau coupant à travers. Aucune limite. Autonomie. Liberté d'être.

UTILISATION DU CRISTAL

Tout en travaillant lentement et méthodiquement, déplacez le silex à trente centimètres environ autour de votre corps. Faites particulièrement attention à votre aisselle gauche (voir page 39). Ce faisant, dites à voix haute : « Je libère tous les liens, vœux, promesses, attentes, messages karmiques et contrats de l'âme devenus inutiles. Je donne et reçois le pardon inconditionnel. » Balayez autour du corps pour guérir et sceller votre aura.

FAIRE RÉGNER LA PAIX AUTOUR DE SOI

CRISTAL PHARE :
TOURMALINE NOIRE

MOTS-CLÉS :
Bouclier, protection, sécurité.

Quand vous avez la paix dans votre cœur, tout ce qui vous entoure devient également paisible.

QUALITÉS

La tourmaline nettoie, purifie et transforme l'énergie dense en vibration plus légère. Très protectrice, elle prévient les effets des radiations des téléphones portables, les perturbations électromagnétiques, les attaques psychiques, les sorts et les malveillances, bloque les énergies nuisibles de toutes sortes. Créant un champ de protection, elle préserve votre soi et votre environnement. Elle écarte toutes pensées négatives de votre mental et encourage une attitude positive envers la vie. Si vous hésitez sur la direction à prendre, emportez-la. Traditionnellement, elle indique le « bon » chemin à emprunter. Elle identifie les solutions aux problèmes, libérant votre attention. Elle vous rappelle que votre énergie circule vers les endroits où se porte votre intérêt. Puissante guérisseuse mentale, elle équilibre les hémisphères droit et gauche du cerveau, alignant les processus mentaux, les chakras et l'aura. Elle a une forte affinité avec le royaume dévique, est extrêmement bénéfique pour l'environnement. Elle éloigne les parasites et favorise la croissance des cultures.

BIENFAITS DU CRISTAL ALLIÉS À LA PLEINE CONSCIENCE

La tourmaline noire aide à se comprendre soi-même et les autres. Elle vous entraîne au plus profond de votre être intérieur, diminuant la peur et favorisant la confiance en vous. Elle bannit tout sentiment de victimisation, attire inspiration, compassion, tolérance et prospérité. Portez-la pour créer un bouclier protecteur autour de vous.

RÉFLEXION CRISTALLINE

Paix dans le cœur. Paix dans son for intérieur. Paix dans le monde.

UTILISATION DU CRISTAL

Placez une tourmaline noire dans chaque coin de votre domicile. Grâce au pouvoir de votre mental, ou à une baguette en cristal, connectez les spécimens. Sentez le cristal créer un mur d'énergie transmutatrice autour de votre foyer, le protégeant. L'énergie rayonne dans l'environnement, le tranquillisant et le stabilisant, apportant ainsi paix et harmonie.

RECHARGER SON ÉNERGIE CRÉATIVE

CRISTAL PHARE :
QUARTZ LÉMURIEN « RÊVE TANGERINE »

MOTS-CLÉS :
Fréquence vibratoire, vitalité, énergie.

Les coups et les revers polissent l'âme, stimulant la créativité.

QUALITÉS

Tous les quartz lémuriens ouvrent une porte des étoiles, portail d'énergie vers des expériences stellaires, ancrant l'ancienne sagesse dans le présent. Le rêve tangerine en est une variété spécifique. Il doit sa couleur orange vif à la présence du fer fortifiant. Il assène un coup de poing puissant. Empli de force vitale, il réénergise et change les schémas enracinés, ouvrant à de nouveaux possibles et libérant le potentiel. Son énergie vive rectifie les déséquilibres karmiques et de l'âme, modifiant le plan éthérique (corps d'énergie subtile) pour ancrer dans le monde matériel des ondes vibratoires plus élevées. Le schéma énergétique accéléré apporte des changements profonds et active la créativité de l'âme. Outil de guérison multidimensionnel, le cristal revitalise tout votre être. En vous accordant aux formations et initiations spirituelles de la vie antérieure, il réveille les aptitudes inhérentes et les capacités curatives. Il vous permet de littéralement rêver d'un nouveau monde naissant et de manifester le dessein suprême de votre âme. Les « entailles d'empathie » sur la pointe renforcent l'effet.

BIENFAITS DU CRISTAL ALLIÉS À LA PLEINE CONSCIENCE

Il est impossible d'être pleinement conscient si vous vous sentez fatigué et apathique, démoralisé par trop de soucis et d'inquiétudes. Le quartz rêve tangerine vous extirpe de la fange du découragement et des abîmes de la fatigue. Le tenir vous conduit dans un havre de calme dynamique, lieu de naissance d'une créativité foisonnante.

RÉFLEXION CRISTALLINE

Sculpteur taillant doucement la pierre pour libérer le personnage à l'intérieur. Le cristal est caressé, polissant sa gloire.

UTILISATION DU CRISTAL

Posez le cristal (ou cette photo) pointe vers le haut depuis la base de votre ventre. Ressentez l'énergie vibrante et pétillante s'élevant vers votre nombril. Respirez profondément de sorte que chaque respiration rencontre l'énergie cristalline. Faites une pause. Expirez, percevez l'énergie se répandant dans tout votre corps.

RESSOURCES

AUTRES OUVRAGES DE JUDY HALL

- *Ces cristaux qui nous soignent*, Guy Trédaniel Éditeur, 2019.
- *Encyclopédie des cristaux*, Guy Trédaniel Éditeur, 2017.
- *Les Cristaux de guérison*, Guy Trédaniel Éditeur, 2017.
- *Crystal Prescriptions*, O Books, Winchester and New York, 2005, 2014, 2015.
- *Crystals for Psychic Self-Protection*, Hay House, London, 2014.
- *Earth Blessings*, Watkins Publishing, London, 2014.
- *Life Changing Crystals*, Godsfield Press, London, 2013 (also published as *Crystals to Empower You*, Walking Stick Press, USA, 2013).
- *Crystals and Sacred Sites*, Fair Winds Press, USA ; Quarto, London, 2012.
- *101 cristaux de pouvoir : le livre de référence pour utiliser le pouvoir des cristaux*, Guy Trédaniel Éditeur, 2012.
- *The Crystal Experience*, Godsfield Press, London, 2010.
- *La Bible des cristaux*, volumes 1 à 3, Guy Trédaniel Éditeur, 2009.
- *Good Vibrations*, Flying Horse Books, Bournemouth, 2008.

CRISTAUX ET ESSENCES

- *Exquisitecrystals.com* est un fournisseur américain de cristaux en ligne hautement recommandé.
- Les essences de purification et de recharge des cristaux de Petaltone peuvent être obtenues sur *www.petaltone.co.uk* et *www.petaltoneusa.com.*
- Vaporisateur purificateur de cristaux de The Cristal Balance Company ; recharge des cristaux et merveilleux travail de transmutation de Violet Flame sur *www.crystalbalance.net.*
- Greenman Tree produit d'excellentes essences disponibles dans le monde entier sur *www.greenmanshop.co.uk.*

AUTRES RESSOURCES EN LIGNE

- Exercices de développement personnel associés à la pleine conscience : *www.getselfhelp.co.uk/mindfulness.htm.*
- Magazine en ligne avec astuces, articles et exercices utiles : *www.mindfulnet.org/page2.htm.*
- Journal médical général uniquement en ligne, en accès libre, dédié à la publication de recherches dans toutes les disciplines et tous les domaines thérapeutiques : *www.bmjopen.bmj.com.*
- Source en ligne indépendante dédiée aux applications et utilisations de la pleine conscience répondant à la question « Qu'est-ce que la pleine conscience ? », résultats de recherches, ressources gratuites sur la pleine conscience, lien avec les neurosciences et de nombreux autres aspects : *www.mindfulnet.org.*
- Ressource en ligne indépendante concernant tout ce que vous devez savoir sur la pleine conscience : *www.mentalhealth.org.uk/a-to-z/m/mindfulness/*

NOTES

1. hbr.org/2014/03/mindfulness-in-the-age-of-complexity
   plumvillage.org/mindfulness-practice/
2. www.apa.org/monitor/2012/07-08/ce-corner
3. www.oxfordmindfulness.org
   www.oxfordmindfulness.org/mbct/publications/
   www.huffingtonpost.com/news/gps-mindfulness-research/
   www.ncbi.nlm.nih.gov/pmc/articles/
   hbr.org/2014/03/mindfulness-in-the-age-of-complexity
   www.plumvillage.org/mindfulness-practice/
   www.apa.org/monitor/2012/07-08/ce-corner
   www.ncbi.nlm.nih.gov/pmc/articles/PMC2848393/
   www.youtube.com/watch?v=m8rRzTtP7Tc
   www.fammed.wisc.edu/

mindfulness/research/
www.evidence.nhs.uk/search?q=mindfulness
www.mindfulnet.org/page4.htm
evp.harvard.edu/book/where-can-i-find-evidence-based-research-mindfulness

4. www.healthline.com/health/stress/effects-on-body
5. www.sciencedirect.com/science/article/pii/S0022399903005737
ajp.psychiatryonline.org/doi/abs/10.1176/ajp.149.7.936
online.liebertpub.com/doi/abs/10.1089/acm.2008.0495
journals.lww.com/psychosomaticmedicine/Abstract/2003/07000/Mindfulness_Based_Stress_Reduction_in_Relation_to.15.aspx
bmjopen.bmj.com/content/3/11/e003498.full
6. www.neuroscience.ox.ac.uk/publications/441832
7. journal.frontiersin.org/article/10.3389/fnhum.2012.00292/full
8. www.nhs.uk/conditions/stress-anxiety-depression/pages/mindfulness
9. www.psychologytoday.com/blog/mindfulness-in-frantic-world/201207/meditate-just-the-us-marines
10. www.huffingtonpost.com/2013/03/27/mindfulness-testing-focus-reading-comprehension_n_2957146.html
sites.uci.edu/mindfulhs/relevant-research/
11. www.apa.org/news/press/releases/2013/01/emotions-weight-loss
12. www.ncbi.nlm.nih.gov/pmc/articles/PMC3580050/
www.huffingtonpost.com/entry/military-mindfulness-meditation-chronic-pain-study_us_56bbb28fe4b0c3c5504ff995
13. www.ncbi.nlm.nih.gov/pmc/articles/PMC3580050/
www.psychologytoday.com/blog/the-athletes-way/201511/the-neuroscience-mindfulness-meditation-and-pain-relief
www.breathworks-mindfulness.org.uk/research
www.sciencedaily.com/releases/2015/11/151110171600.htm
14. www.ncbi.nlm.nih.gov/pubmed/24127622

nutritionforvibrantliving.wordpress.com/2014/03/20/mindfulness-and-the-brain-gut-connection/

15. Winbush, N. Gross, C. and Kreitzer, M. (2007), 'The effects of mindfulness-based stress reduction on sleep disturbance', *Explore*, 3(6), 585–91
16. www.huffingtonpost.com/heartmath-llc/how-stress-affects-the-body_b_2422522.html
17. www.loni.usc.edu/about_loni/education/brain_trivia.php
18. ww.basicknowledge101.com/subjects/brain.html
19. www.ncbi.nlm.nih.gov/pmc/articles/PMC3226705/
20. www.ncbi.nlm.nih.gov/pmc/articles/PMC3004979/
news.harvard.edu/gazette/story/2011/01/eight-weeks-to-a-better-brain/
21. effortlessmindfulness.wordpress.com/2015/03/19/researcher-norman-farb-cuts-through-mindfulness-hype/
22. www.mindful.org/how-meditation-helps-with-difficult-emotions
www.hindawi.com/journals/bmri/2015/670724/
www.ncbi.nlm.nih.gov/pmc/articles/PMC2881638/
23. hbr.org/2015/12/why-google-target-and-general-mills-are-investing-in-mindfulness
www.ft.com/cms/s/2/d9cb7940-ebea-11e1-985a-00144feab49a.html#axzz3GVU851lBhbr.org/2014/03/
24. www.stern.nyu.edu/portal-partners/leadership-development/mindfulness/why-mindfulness-business
25. www.mckinsey.com/business-functions/organization/our-insights/unlocking-the-potential-of-frontline-managers
www.sitbreathelove.com/future-work-mindfulness-leadership-practice
hbr.org/2011/05/the-power-of-small-wins
mindfulspring.com/mindfulness-in-companies/

PARMI LES AUTRES OUVRAGES DE JUDY HALL

Ces cristaux qui nous soignent, Guy Trédaniel éditeur, 2019

La Bible des cristaux, volumes 1, 2 et 3, Guy Trédaniel éditeur, 2009, 2010, 2013